COME FARE PER ESSERE AMMIRATI E RISPETTATI

Racconti di Andreas Finottis

SOMMARIO

INTRODUZIONE

Sono storie, storie di vita vissuta e romanzata, attraverso la provincia italiana e l'ultimo mezzo secolo.

Ispirate da episodi accaduti e raccontante attraverso i ricordi che dalla memoria mi vengono depositati casualmente, come relitti sulla spiaggia.

Spero che leggendoli vi divertiate e possiate farvi trasportare in un viaggio nell'oceano del tempo.

PREFAZIONE

Se è vero che l'ironia ha il potere di rendere la vita più leggera e accettabile, questa raccolta di racconti che ci accompagna nella vita dell'autore è una vera e propria cura per lo stress e le delusioni della realtà.

Si ride leggendo, si ride con una leggerezza meravigliosa anche quando ci sarebbe ben poco da ridere, ma forse è proprio questo il segreto della vita, riuscire a restare a galla con stile prendendosi un po' in giro e l'autore in questo è un maestro.

La scrittura immediata e realista ci rende partecipi in ogni racconto, ricordandoci che anche noi ci siamo sentiti così e finiamo per ridere anche di noi stessi. E se l'autoironia è cura, l'autore è un geniaccio da cui abbiamo solo da imparare questa serenità leggera, questa semplicità disarmante da non dimenticare mai, leggendo e rileggendo i suoi racconti.

Ty Elle, scrittrice.

RACCONTI

SCUOLA

Guardavo fuori dalla finestra mentre la maestra spiegava, c'era il prato fiorito nel sole della primavera, gli alberi erano mossi dal vento, volevo uscire invece non potevo, ero lì, chiuso in quell'aula, bloccato in quel banco.

All'improvviso qualcosa si ruppe, uscì una parte di me, saltò dalla finestra e corse via.

Da allora ho lo sguardo perso ma la mente libera.

ANDIAMO AL CINEMA

Il cinema è sempre stato un luogo magico per molti, in cui al buio della sala si fa un viaggio di qualche ora, con la mente che segue una vicenda al di fuori del proprio corpo, vivendo un sogno a occhi aperti.

Però c'è anche chi questo viaggio della mente lo ha quasi sempre avuto disturbato, e uno di questi sono io.

Da bambino andavo in un economico cinema parrocchiale di paese, polveroso oltre l'inverosimile, in cui alla domenica dopo il catechismo obbligatorio potevamo entrare pagando pochissimo; facevano il cinema per i ragazzi proiettando film vecchi o poco richiesti, a esempio ne ricordo uno dal titolo: "Zorro contro Maciste" che neanche c'era un vincitore, diventavano amici Zorro e Maciste, e insieme menavano tutti.

Quando entravi in platea vedevi tutte le sedie occupate tranne le fila a metà immediatamente sotto la galleria, nessuno si sedeva lì tranne qualche novellino sprovveduto che appena si spegnevano le luci veniva bersagliato dagli sputi che piovevano dalla galleria, con urla e risate.

C'era la Mina, una vedova dalla faccia feroce, bassa e massiccia, sempre vestita di nero con uno smanicato che lasciava scoperte due braccia enormi da scaricatore di porto, faceva i biglietti e poi vendeva brustolini, arachidi, popcorn, patatine fritte e dolciumi all'ingresso, il prete l'aveva messa lì che si guadagnasse qualcosa per mantenere i suoi figli; era un viavai continuo di ragazzini che andavano a prendersi qualcosa e i rimasugli li tiravano in testa a quelli delle file avanti, per cui era un continuo litigare con un polverone che si alzava durante le risse dal pavimento ultrasporco, quando le urla diventavano eccessive entrava la Mina con un enorme scatolone di patatine pieno, urlava più forte di tutti, ci urlava di stare buoni e seduti, sbattendo forte lo scatolone in testa a quelli che trovava in piedi, sprigionando nuvole di polvere che ostruivano la visuale dello schermo, se vedeva che ce n'erano ancora impegnati a litigare gettava lo scatolone, li divideva, li trascinava via e buttandoli fuori dal cinema li diffidava di non tornare più per un tot di domeniche, secondo la gravità della rissa; una volta che ero io uno dei protagonisti mi ha dato una domenica di sospensione mentre al mio avversario ne ha date tre, perché avevano detto tutti che era stato lui a cominciare.

In queste condizioni era difficile seguire i film, ma con l'esperienza avevo scoperto che i posti migliori e più sicuri erano gli ultimi, meglio in galleria ma di solito ci andavano tutti per cui era occupata e allora in platea mi mettevo nell'ultima fila, protetto dagli sputi dalla galleria e dal lancio di oggetti dalle fila posteriori.

Poi crescendo non andavamo più al cinema parrocchiale dei ragazzi ma a quello degli adulti, lo scopo principale era vedere donne nude, per cui qualsiasi film era giudicato in base a quello, più donne nude c'erano più era considerato un capolavoro da consigliare agli altri al bar, quindi c'erano masse di ragazzini a vedere film scadenti, mentre a vedere film veramente belli ma casti c'era poca gente, quelli migliori in quel senso erano ovviamente vietati ai minori di 14 anni, noi ne avevamo 12/13 perciò ci facevamo accompagnare da uno ritardato mentale che aveva 17 anni ed era sempre solo al bar, lo tenevamo in compagnia con noi e gli davamo i soldi, faceva 5 o 6 biglietti, mentre noi col colletto del giubbotto tirato su cercavamo di nasconderci atteggiandoci a più vecchi di quello che eravamo, se a volte ce lo chiedevano dicevamo di avere 14 anni tutti, riuscivamo spesso così a entrare, ma il problema era che non sempre il film corrispondeva alle premesse, ho visto Taxi Driver in cui eravamo capitati perché dicevano che andava a puttane e si vedeva qualcosa, invece non si vedeva molto perciò si lamentavano che era una merda di film quelli venuti con me, mentre io ero rapito dal film, solo io lo trovavo magnifico, ne ero tutto preso nonostante le continue critiche negative durante la proiezione per il poco sesso che c'era, quando uscii mi sembrava di essere ancora dentro il film, distratto stavo per attraversare la strada senza guardare, una macchina suonando mi ha ridestato, mentre gli altri dietro di me ancora stavano lamentandosi, confrontandolo con un pessimo film commedia trash in cui invece c'erano delle ragazze nude che facevano la doccia a lungo, dicevano che quello sì che era stato un bel film.

Qualche anno dopo avevamo trovato un cinema isolato gestito da un anziano mezzo rintronato pieno di soldi, noto per la sua avarizia, per non dover pagare nessuno faceva tutto lui al cinema e si poteva entrare gratis quando iniziava il film, perché si metteva nel botteghino a sonnecchiare e dalla porta d'ingresso non visti si riusciva a salire in galleria passandogli a fianco, per cui era un eldorado di film gratis, anche vietati ai minori di 18 anni, e come non bastasse lasciva la porta socchiusa pertanto gli fregavano i popcorn e le patatine.

Poi la voce si è sparsa e si esagerava, ha cominciato a parlare da solo quando uscivamo tutti dicendo: "Guarda quanta gente stasera, mi pareva di aver venduto pochi biglietti." e "Ho venduto anche tanta roba, ci sono le scatole quasi vuote.".

Dopo poche settimane ha mangiato la foglia, ha iniziato a chiudere la porta del botteghino ed è diventato difficile anche salire senza biglietto perché stava sveglio a controllare, però riuscivamo ugualmente a farla losca facendo che mentre uno faceva il biglietto si appoggiava per un momento con le spalle alla parete, nascondendo le scale che salivano alla galleria così entravano gli altri di corsa, si riusciva a entrare con un biglietto in 4/5.

Alle superiori ci portavano a volte a vedere dei film d'autore o degli spettacoli teatrali e anche lì era un delirio.

Spettacoli teatrali non ne ho mai visto uno senza che gli attori si interrompessero una o più volte a rimproverarci per le battute o i fischi o le pernacchie o le offese che arrivavano.

Se invece proiettavano dei film era ancora peggio col buio, in un film di Bergman a uno gli hanno tirato una lattina piena di cocacola in testa e lo hanno portato in ospedale, un'altra volta in un film lento d'autore con i sottotitoli uno ha cominciato a urlare che non ne poteva più del film, che si buttava giù dalla galleria, che si ammazzava e ha gettato uno scatolone grande pieno di altri scatoloni vuoti giù in platea, cadendo ha rimbombato schiantandosi fragorosamente al suolo, sparpagliando gli scatoloni che conteneva...i più sensibili si sono messi a urlare credendo si fosse veramente ammazzato qualcuno...si creò un gran fuggi fuggi...i professori che ci accompagnavano sono corsi trafelati con gli occhi spiritati a vedere chi si era suicidato...i gestori del cinema hanno acceso le luci...e non era successo niente, tra le risate generali degli altri studenti.

Qualche volta da maggiorenne in quelle serate padane nebbiose e fredde in cui si è in compagnia ma non si sa cosa fare siamo capitati in un cinema porno, c'era gente ma sparsa e le poltroncine erano in similpelle, si intuiva subito che molti si segavano al cinema, c'era sempre un continuo andirivieni ai bagni. Era una situazione piuttosto disgustosa, abbiamo smesso di andarci.

Successivamente mi sono comprato un lettore di dvd e andavo a prenderli a noleggio da un obeso ingioiellato e col suv che sembrava uscito da un video rap, però bisogna dire che era gentile e aveva tariffe molto convenienti, le novità 2 euro, dopo 6 mesi li toglieva dalle novità così con un euro ti vedevi il film, e se facevi 20 euro di ricarica ne avevi 5 omaggio. Mi sono visto parecchi film in quel periodo, meglio che nei cinema a cui ero abituato, e potevo rivedermi le scene o risentirle in lingua originale

Poi sono stato alcuni mesi senza frequentarlo, avendo poco tempo a disposizione, un giorno avevo tempo di vedermi un film, sono andato ed era chiuso con un cartello di cessata attività, mi è dispiaciuto molto, soprattutto perché avevo ancora 12 euro di ricarica e c'era solo un mese per farseli restituire, svaniti, insieme alla maggior parte dei negozi di dvd.

Era arrivata l'era dei film in internet.

MITI

Quando ero ragazzino uno che voleva sembrare ricco e affermato si comprava un accendino placcato oro e un pacchetto di John Player Special; erano sigarette che costavano più delle altre, in un pacchetto grande nero lucido, con le iniziali color oro che risaltavano, per cui uno se lo metteva sul tavolino del bar e gli appoggiava sopra l'accendino d'oro finto ecco che l'insieme brillava illuminato dal sole, irradiando un senso di ricchezza spropositato.

Quelli che passavano davanti al proprietario in posa e orgoglioso lo guardavano con ammirazione o gli dicevano frasi scherzose tipo:

"Dove hai trovato i soldi?"

"Sei andato a rubare?"

"Cosa te ne fai dei soldi se non capisci un cazzo?"

"Pensi d'essere bello ma fai veramente vomitare."

"Guarda quanti soldi hanno al giorno d'oggi le teste di cazzo!".

Lui si pavoneggiava, era al centro dell'attenzione,

Poi se finalmente passava davanti al bar qualche ragazza vedendo il tipo spaparanzato con le sigarette in esposizione sul tavolino istintivamente lo guardava, e se ne andava, vedendo un esaltato simile.

Ma bastava quello sguardo per accendere i commenti dei nullafacenti da bar:

"Hai visto che le donne lo guardano?!"

"Le donne guardano quelli che sembra abbiano i soldi, anche se è un muso da merda morto di fame come lui."

"Avrà astinenza di cazzo per guardare un tipo così."

"Domani mi compro anch'io le John Player Special!".

Erano le sigarette del ricco sfondato.

Poco tempo fa in una tabaccheria le ho notate, le fanno ancora, però non sono come me le ricordavo, non trasmettono più quel senso di lusso sfrenato, il pacchetto non è più come prima, ma soprattutto la cosa che mi ha maggiormente deluso è che costano come le altre sigarette.

Un altro mito se ne è andato.

VACANZE E GITE

Da bambino quelle volte che mi portavano per qualche settimana in vacanza durante tutto il tempo mi annoiavo e non vedevo l'ora di tornare a casa; poi di solito il pomeriggio dell'ultimo giorno mi ambientavo facendo amicizia con gli altri ragazzini e mi divertivo, così mi dispiaceva ritornare.

Ogni volta era così.

Sono sempre andato fuori tempo a cantare, suonare, vivere.

In più fin da piccolo dicevo una sacco di parolacce, ma mio padre non voleva e s'arrabbiava, in genere mi prendeva per un braccio come se mi arrestasse e mi chiudeva a chiave in bagno; una volta mi sono stancato e chiuso in bagno ho cominciato a urlare che non ne posso più, che mi butto dalla finestra, ho aperto la finestra sbattendo e facendo rumore, per poi nascondermi dietro la porta, lui è arrivato, ha aperto la porta e non vedendomi è corso subito alla finestra a guardare giù, io nel frattempo sono uscito e ho chiuso a chiave lui in bagno, scappando via con la chiave.

Dava dei pugni sulla porta che si sentivano fin fuori casa; aveva un fisico massiccio mio padre, con dei polsi che erano una volta e

mezza i miei da adulto, e non sono mingher-
lino.

Dopo diversi minuti, con la mediazione di
mia madre e la promessa che non mi avrebbe
picchiato, restituii la chiave e lo liberarono.

Da quella volta non mi rinchiuse più in bagno.

In un'altra occasione dovevamo andare a
Roma per una gita aziendale fantozziana in
cui i lavoratori potevano portare le famiglie.

Dovevamo prendere il treno a Rovigo.

Mio padre aveva che odiava le città, si inner-
vosiva a passarci in macchina, diceva che non
sopportava il traffico, però chiamava città anche paesi di 40 mila abitanti come Rovigo o
Chioggia.

Entrammo di sera in macchina a Rovigo, lui
imprecava nervosissimo perché c'era traffico
quella sera, ci disse: "Guardate bene in giro
anche voi che con questo caos c'è pericolo!".

Io vedendo che c'erano dei cartelli pubblicita-
ri, tra cui uno con un bambino sul vaso da
notte, gli dissi: "Ho visto un pericolo: c'è un
culo che caga della merda!".

E giù a ridere, io e mio fratello.

Mio padre cominciò a imprecare e a dirmi di
non fare lo scemo.

Ma imitando la voce dal megafono dei venditori ambulanti mi misi a urlare alla gente che passeggiava dalla fessura del finestrino posteriore: "Attenzione gente ai culi sporchi di merda!".

Mio padre s'infuriò, bloccò la macchina, scese e mi tirò giù dicendomi che non mi voleva più. Ripartirono senza di me.

Credevo frenasse e facesse retromarcia, invece sparirono dalla mia vista.

Mi convinsi che non sarebbero più tornati, non sapevo cosa fare, vidi che la gente andava tutta verso una festa, era la Festa dell'Unità, così entrai anch'io.

Pensavo a come fare ora che ero solo, avevo fame e sete ma avevo pochi soldi in tasca, riuscii a comprarmi un panino e un bicchiere d'aranciata; mi sedetti su una sedia a pensare cosa fare ora che ero solo, intanto guardavo quelli che stavano ballando il liscio romagnolo.

Dopo un po' di tempo arrivò mia mamma trafelata, con dei dirigenti della festa e un vigile urbano: "Non ti trovavamo, credevamo ti avessero rapito, abbiamo posteggiato la macchina e siamo tornati a prenderti ma non c'eri più, abbiamo chiesto ai vigili, stavamo per andare dalla polizia a denunciare la tua scomparsa!".

Replicai che erano stati loro che mi avevano abbandonato, mio papà m'aveva aveva buttato giù dalla macchina dicendomi che non mi voleva più, allora si vergognarono in mezzo alla gente e non mi rimproverarono troppo.

Andammo a prendere il treno per Roma.

Salendo tutti spingevano come dementi per accaparrarsi i posti, così noi restammo in piedi senza posto per dormire, ci sedemmo su dei seggiolini nel corridoio.

Arrivò un controllore e vedendoci lì ci fece andare in prima classe, così noi facemmo il viaggio in prima classe comodi, con un bel reparto letto riservato solo per noi, mentre gli altri furbastri se lo fecero in seconda classe, ammassati in sei in ogni reparto letto; il mattino dopo molti dissero che non erano riusciti a dormire.

Arrivati a Roma ci portarono in un prestigioso albergo di lusso col quale avevano fatto una convenzione aziendale, era accanto a Piazza di Spagna, nella strada dietro la scalinata di Trinità dei Monti.

C'era un ambasciatore e gente simile nella hall, ci guardarono in maniera strana quando arrivammo noi famiglie fantozziane.

Al banco della reception c'era un tipo con un'aria sostenuta, moro magro abbronzato, con una giacca rossa.

Notammo che con i pezzi grossi si sperticava in moine e ringraziamenti, accompagnati da piegamenti della testa che per poco non sbatteva la fronte sul banco, mentre a noi poveracci della comitiva ci trattava con un certo cortese distacco, perciò mi fu subito antipatico, inoltre era venuto pochi mesi prima a fare uno spettacolo per le scuole un circo in cui c'era il fachiro che gli assomigliava, dissi a mio fratello: "Guarda quello, assomiglia al fachiro del circo, gli manca solo che si metta una spada in bocca e gli esca la punta dal culo o su per il culo e gli esca la punta dalla bocca.".

Ci mettemmo a ridere, ma mio padre a distanza percepì "culo...culo", venne e mi strinse un braccio sussurrandomi ferocemente: "Guarda di comportarti bene e non dire parolacce altrimenti ci buttano fuori!".

Ci diedero delle camere bellissime con letti lussuosi, c'era un impianto di filodiffusione nei comodini, telefono, tanti bottoni per ventilatori, aria condizionata, luci varie...tutta roba che noi bambini non avevamo mai visto, misero me e mio fratello in una camera e i miei genitori in un'altra.

Andai in bagno e vidi che l'acqua della tazza era alta, non era bassa come da noi a casa, allora mi misi a dire che c'era il cesso intasato, il fachiro si dava un sacco d'importanza ma non teneva neanche in ordine i bagni, presi il telefono premetti il numero della reception e urlai: "Fachiro vieni a sturare il cesso!", riattaccai e mi coricai su letto a ridere, poi pensai che sul cuscino ci aveva dormito tutta la gente, allora presi un fazzoletto da naso grande pulito dalla valigia e lo misi sul cuscino, ne diedi uno a mio fratello più piccolo dicendogli di fare altrettanto e di chiudere la porta a chiave, che non venisse mentre dormivamo quel muso da ladro del fachiro a rubarci la valigia o a protestare perché al telefono lo avevo chiamato fachiro.

Ci addormentammo subito.

Ci svegliammo poco dopo con le grida dei miei genitori e di parecchio personale dell'albergo, erano tutti in camera nostra.

Avevano trovato la camera chiusa da noi dall'interno e dovevamo andare a pranzo, così avevano picchiato sulla porta ma noi addormentati non sentivamo, temevano stessimo male allora avevano dovuto chiamare il per-

sonale per aprire la porta, chiusa dal dentro.
Andammo a pranzo.

Quella notte stessa sentii nella strada sottostante una sparatoria, il mattino seguente chiesi e mi dissero che era passata al polizia che inseguiva dei rapinatori, sparandosi.

Quel particolare mi colpì molto, mi sembrò di essere in un film, con inseguimenti e sparatorie, però mi dava una sensazione di pericolo esserci dentro, preferivo la pace della campagna.

Della visita alla città ricordo che era estate e c'era un caldo pazzesco, col sole che riverberava sui marmi e le pietre dei monumenti, pochi alberi e tanto gas di scarico del traffico, non mi piaceva.

L'unica cosa che mi affascinava di Roma erano i freakettoni che vedevo a Piazza di Spagna.

TV DEI RAGAZZI

Mio nonno raccontava che c'era una volta una vecchia osteria in cui non c'era il bagno, si usciva per fare i bisogni tra l'erba.

In una notte molto piovosa un ubriaco per non uscire dall'osteria e bagnarsi andò a nascondersi nello stanzino dove l'oste teneva il vino e ci cagò.

L'oste se ne accorse quasi subito, allora prese il cappello dalla testa dell'ubriaco, andò a raccogliere la merda con l'interno del cappello, tornò dall'ubriaco, glielo rimise in testa calcandoglielo fin sulla fronte, poi lo spinse sulla porta e prendendolo a calci in culo lo butto fuori, sotto la pioggia scrosciante che faceva colare la merda dal cappello.

Ci raccontava storie così quando eravamo bambini mio nonno; noi bambini seduti sul muretto di recinzione sotto un enorme salice piangente, come ad assistere a uno spettacolo lo ascoltavamo e ridevamo come pazzi, mentre lui in piedi di fronte a noi con l'immancabile sigaretta tra le dita giallastre fumava, raccontava, imprecava, scatarrava, sputava e bestemmiava.

Guardavamo poco la televisione, a quei tempi c'erano solo due canali Rai, perciò era mio nonno che faceva la tv dei ragazzi, era lui la nostra Cristina d'Avena.

SCARACCHI

Ci sono periodi nelle nostre vite e sono vite essi stessi, vite autonome, a sé stanti, che incollate dal tempo alle altre vissute compongono il mosaico della nostra esistenza, creando un disegno assurdo o con qualche senso, magari il senso lo si trova solo in qualche minuscola tessera del mosaico.

Guardando a ritroso nella mia esistenza una tessera il cui senso mi sfugge è il periodo degli scaracchi.

Con gli amici avevamo circa 13 anni, vestivamo con giubbotti in pelle, jeans, stivaletti, coltello a scatto e sigarette; vivevamo gran parte delle nostre giornate sul muretto di recinzione di un fornaio, lungo la strada principale del paese, era un muretto alto circa un metro e largo mezzo metro con dei buchi in cui dovevano metterci dei pali per attaccarci poi la rete di recinzione, ma i pali non li misero mai; accanto al muretto dal lato interno c'era un rubinetto da cui bevevamo quando ci veniva sete o ci mancava la saliva per scaracchiare.

Scaracchiavamo in continuazione, soprattutto sul muretto, lo riempivamo di scaracchi dove non sedevamo in modo da impedire ad altri di sedersi accanto a noi, quelli che avrebbero voluto anche loro venire a sedersi sul muretto lo trovavano tutto sputacchiato e scataratto; era il nostro muretto e nessuno poteva sedersi lì se non era dei nostri, ogni tanto rinnovavamo gli scaracchi sul muretto quando si seccavano.

Lo scaracchio non è un normale sputo, per essere degno di questo nome deve contenere catarro o perlomeno tentare di contenerlo, c'è l'aspirazione rumorosa del muco bronchiale, il mix in bocca con espressione facciale un po' nauseata e l'espulsione il più lontano possibile; così sputa un vero maschio e così facevamo noi.

Ci faceva sentire adulti essere pieni di catarro, quando le nostre mamme ci sentivano tossire dicevano: "Sei pieno di catarro come un vecchio, lo so che fumi di nascosto, visto cosa succede a fumare da giovani!".

Ma a noi quelle parole facevano l'effetto opposto delle loro intenzioni, ci incitavano a continuare, ci lusingavano, di quella condizione ne eravamo contenti e orgogliosi.

Oltre a scaracchiare praticavamo altri sport.

Facevamo tiro al bersaglio lanciando i coltelli a scatto contro qualche balcone di legno delle case al piano terra, ma ogni tanto saltava fuori il proprietario a lamentarsi o addirittura ci voleva denunciare

Facevamo salto in basso andando nelle case in costruzione e gettandoci giù, vinceva chi si gettava da più in alto, poi abbiamo smesso per distorsioni e lesioni varie; per esempio io una volta mi sono buttato con gli stivaletti col tacco giù dal primo piano, non era alto, di solito mi buttavo dal secondo piano se c'era la sabbia sotto, ma quella volta sotto c'era una strada sassosa in discesa, dalla botta mi si sono piegate le gambe, così il ginocchio mi è sbattuto sulla faccia, rompendomi le labbra; inoltre anche lì i proprietari o gli impresari edili venivano a scacciarci, dicevano che se ci ammazzavamo andavano loro nei guai.

Allora ci inventammo un nuovo sport, che chiamammo: zona scaracchi.

Andavamo a casa di uno di noi che abitava vicino al fornaio e nel cortile sotto a un albero di fico con dei barattoli di latta vuoti creavamo un breve percorso di gimkana pieno di curve, poi in corrispondenza delle curve più brusche riempivamo la zona di scaracchi, per dei minuti tutti sputavamo in continuazione in quei punti specifici.

Finito di sputacchiare la zona si prendeva una carriola grande da muratore di suo padre del mio amico e si tiravano i numeri con le dita, facendo la conta: il primo sorteggiato era il concorrente e il secondo sorteggiato il conduttore della carriola.

Lo sport consisteva che il concorrente si sedeva nella carriola dando le spalle alla ruota e il conduttore doveva andare velocemente nelle curve per farlo cadere di schiena nella zona scaracchi altrimenti perdeva e il prossimo concorrente era lui.

C'era Taddeo che era il più grande e grosso ma il meno agile, perciò perdeva sempre, toccava sempre a lui e tornava a casa tutto sporco, con la schiena del giubbotto in pelle piena di scaracchi; un giorno si stancò e si arrabbiò, minacciando di non venire più con noi, allora smettemmo.

Per cambiare gioco ci mettemmo a giocare a carte in casa sempre di quell'amico, chi perdeva si prendeva un pugno a tutta forza su una mano da tutti gli altri, aveva una vecchia tavola in legno e si sentiva un rumore infernale dei pugni sul tavolo ogni volta che uno perdeva; però anche in quel caso perdeva quasi sempre Taddeo e un giorno si arrabbiò, ma anche noi avevamo tutte le mani doloranti per cui gli demmo ragione e cambiammo, ora chi perdeva beveva un bicchiere d'acqua con la pastiglia effervescente, era acqua che faceva suo padre per risparmiare i soldi della minerale, riempiva un bottiglione da vino vuoto con l'acqua dal rubinetto e ci metteva una pastiglia apposita che la faceva diventare effervescente, però aveva un gusto schifoso, da medicinale.

Finì che il solito Taddeo a forza di bicchieri d'acqua schifosa vomitò sulla tavola e sul pavimento.

Lasciammo i bicchieri d'acqua e ci mettemmo a giocare a carte con in palio i soldi, ma perdeva sempre Taddeo, che si arrabbiò definitivamente dicendo che ci mettevamo d'accordo per imbrogliarlo, così abbandonò la banda.

Crescendo divenne di destra, evidentemente si è sfogata così la rabbia repressa che aveva accumulato.

IL CAPPOTTO PSICHEDELICO

Ricordo nell'inverno 1976/1977, avevo 14 anni e un lungo cappotto che sembrava la coperta del cavallo, era sia a quadri che spinato, marrone terra di Siena e grigio la parte spinata, con enormi quadri accennati rossi e gialli, come non bastasse aveva ogni tanto degli strani crini biancastri che spuntavano tra i quadri, deve essere stato sotto effetto di un'overdose di Lsd quello che l'ha disegnato; l'aveva preso in svendita mio padre perché costava poco, inoltre mi aveva passato una sua berretta di panno marrone da anziano pensionato che gli era stretta.

Mi vergognavo un po' a salire in corriera per andare alle superiori conciato così, ma l'alternativa era mettermi un giubbotto primaverile in jeans leggero con cui tremavo dal freddo, per cui me lo facevo piacere quel look.

Già dalla fermata dell'autobus mi guardavano sia le ragazze che i ragazzi come se fossi una gigantesca merda di cane, nessuno mi rivolgeva la parola, quei pochi che conoscevo fingevano di non vedermi o mi salutavano sbrigativamente con un visibile imbarazzo.

Loro erano tutti vestiti con un loden, ragazze e ragazzi, era o verde o grigio o blu, e tutti avevano un paio di jeans Fiorucci con una moneta cucita su una tasca. Su circa 40 persone ce n'erano solo tre oltre a me che non erano vestite così, e quelli avevano un eskimo e dei calzoni qualsiasi come me, erano i comunisti ed erano gli unici che ogni tanto mi rivolgevano la parola.

Vicino a me non si sedeva mai nessuno, allora mi mettevo accanto al finestrino mezzo appannato e per mezz'ora fantasticavo di correre con una moto scrambler per gli infiniti campi di terra desertici che vedevo, in sottofondo andavano a ripetizione le canzoni di Lucio Battisti di cui l'autista aveva tutti i nastri in stereo 8.

Al ritorno stesso copione, tutti i giorni tranne la domenica, un'ora in totale al giorno di scorrazzamento in moto per campagne desertiche con una ragazza immaginaria avvinghiata a me sulla moto immaginaria e con la musica di Lucio Battisti come colonna sonora.

Ogni tanto cambiavo moto, la ragazza invece era quasi sempre identica alla bionda Stevie Nicks dei Fleetwood Mack, con la stessa identica voce mi diceva ogni volta: "Fammi guidare un po' a me.". Ci scambiavamo posto in moto senza fermarci e da dietro cominciavo a baciarla, palparla e spogliarla finendo per far sesso nudi mentre correvamo in moto per gli infiniti campi, lei guidava e io la prendevo da dietro.

Smontavo dalla corriera col pacco in tiro e felice tra decine di facce tristi e scure, col mio fantasmagorico cappotto che mi piaceva ogni giorno di più.

Un giorno una ragazza più vecchia di me che era all'ultimo anno mi chiese: "Ma tu come fai a essere sempre così tranquillo e beato, fregandotene di tutto?".

Non potevo raccontarle delle corse in moto e di Stevie Nicks, con Battisti che ci cantava le canzoni.

Allora per non fare brutte figure le dissi: "Perché mi drogo.".

COME FARE PER ESSERE AMMIRATI
E RISPETTATI

Da ragazzino mi convinsi che per essere rispettati bisognava fare schifo.

Mi aveva raccontato uno che lavorava in un negozio di aver visto un tipo che faceva recupero crediti e aveva un notevole successo nel suo lavoro, intimoriva i debitori costringendoli a pagare subito, era di aspetto cadaverico, alto e magro, sempre vestito completamente in nero, scarpe, calzoni, giacca e camicia, anche col caldo disperdendo un odore da cimice schiacciata, parlava con un tono basso e rauco un quasi incomprensibile miscuglio di dialetto e italiano, con i denti incrostati di tartaro e un alito pestilenziale, andava vicino al negoziante che doveva pagare e con occhi torvi cominciava a farfugliare lunghissimi discorsi di cui non si capiva praticamente niente, quasi tutti pagavano subito il debito per liberarsi da quella tortura.

Mi ispirò la storia di quel tipo, poiché in quel periodo c'erano a scuola dei bulli che non mi rispettavano come avrei voluto, essendo io indietro con lo sviluppo erano molto più grandi e grossi di me, alcuni giocavano a rugby, erano veramente grossi, pluiribocciati, frequentavano i posti più malfamati della zona, abituati ad avere brutti modi trattavano tutti malamente, con spintoni e offese alla minima mancanza.

Cominciai col lavarmi raramente i capelli, li avevo unticci e li pettinavo indietro come un mafioso degli anni 30; iniziai a vestirmi anch'io di nero poiché avevo letto che era vero che il nero intimorisce gli avversari in un articolo su una rivista dal barbiere, mi comprai un giubbotto nero e andai dallo scarparo a comprarmi gli stivaletti con il tacco più alto che c'erano e con la punta dura, trovai con 9 centimetri di tacco, ma faticavo a camminarci, allora andai dal calzolaio e me li feci abbassare di un paio di centimetri, facevo fatica ugualmente a camminare ma notai che con la maggiore altezza e l'incedere traballante mi guardavano con maggior soggezione, sembrava che stessi per cadere da un momento all'altro, che fossi ubriaco o drogato, la cosa intimoriva e mi faceva piacere.

Mi portavo sempre appresso un coltello a scatto tenuto in tasca a portata di mano e mi rifornii di stuzzicadenti, chewingum e sigari.

Iniziai a parlare come un vero duro, per esempio se uno mi chiedeva che ora è non rispondevo più dicendogli l'ora ma gli dicevo: "È ora che ti compri un orologio.", se qualcuno mi chiedeva una sigaretta gli rispondevo "Non sono il tabaccaio.", certi notavo che erano colti dall'istinto di mettermi le mani addosso ma vedendo l'andatura sbilenca a causa dei tacchi, i capelli unti e sporchi, lo chewingum biascicato e con lo stuzzicadenti a un angolo della bocca, probabilmente credevano di aver a che fare con un minaccioso ritardato mentale, perciò si ritraevano schifati dall'aspetto ripugnante e intimoriti dal litigare con un presunto handicappato.

Quando ci mettevamo al bar della stazione ad aspettare la corriera per tornare a casa mi prendevo due o tre sacchetti di bruscolini, quei semi di zucca tostati e salatissimi, e invece di aprirli schiacciandoli uno ad uno con i denti che mi sembrava un atto da fighetti ne mettevo in bocca una manata, li masticavo succhiandoli, poi al punto che non sapevano più da niente li rigurgitavo sputandoli sul pavimento, così quando mi alzavo dal tavolo e andavo via a terra lasciavo un cumulo di bruscolini rigurgitati che sembrava avessi vomitato; un mio amico un giorno a vedere il cumulo del resto sputato venne colto da sforzi di vomito e si sentì male, non era un duro.

Mi decisi di affrontare il compito più difficile: piegare i bulli.

I bulli stazionavano nei cessi della scuola, l'aria era irrespirabile d'inverno con le finestre chiuse fumavano tutti per cui c'era una nebbia fumogena che da lontano si intravedevano le persone, loro avevano la zona in cui c'erano le porte delle singole cabine con le turche, in quella zona tranne loro e i pochi che erano accettati non si avventurava nessuno, tutti gli altri si limitavano nella zona adiacente all'ingresso dove c'erano i lavandini e gli orinatoi a muro, facevano in fretta e fuggivano velocemente per paura, se dovevano defecare andavano nei cessi della palestra o di nascosto in quelli femminili.

Cominciai a entrare con lo stuzzicadenti in bocca e ruminando vistosamente il chewingum andavo dritto nella loro zona proibita, sputavo a terra sia lo stuzzicadenti che il chewingum con un'espressione incazzata di disgusto, con gli stivaletti davo un calcio a tutta forza alla porta del cesso per aprirla facendo un buco nel legno con la punta dello stivaletto e spaccando le piastrelle del muro con la botta della maniglia, quindi pisciavo senza chiudere la porta, facendo vedere che la facevo contro il muro e sul rotolo di carta igienica, schizzando ovunque, segnando il territorio, da vero uomo.

Poi uscivo, mi accendevo un sigaro, tiravo fuori il coltello e mi mettevo in silenzio a incidere scritte oscene sulle porte dei cessi, a volte qualcuno si lamentava per la puzza del sigaro allora lo guardavo con disprezzo e gli dicevo :"È troppo forte per te? Puoi andare nel bagno delle donne a fumare le sigarette light!", colpiti nella mascolinità si zittivano e sopportavano la puzza.

Quando suonava la campanella mollavo una scatarrata contro il muro o contro la porta di un bagno e ci spegnevo il mozzicone del sigaro, che rimaneva incollato.

Quello era il gesto definitivo.

Il tocco d'arte trucida intimoriva gli altri maschi che volevano dominare il territorio, nei loro occhi leggevo la resa, con la voglia di ritrarsi intimoriti davanti a quella scena così schifosa.

Con quella geniale invenzione del mozzicone incollato nel catarro ottenni il rispetto assoluto, ci aggiunsi un ulteriore tocco quando iniziai a fumare sigaretti di minor peso per cui riuscivo ad attaccarlo dalla parte che tenevo in bocca, perciò continuava a bruciare anche dopo che uscivo dai bagni, una vera opera d'arte contemporanea.

Presi una sospensione per danneggiamenti e persi tutti gli amici dallo schifo che facevo, mi ritrovai sempre solo ma ero diventato un duro rispettato da tutti; tranne che dalla proprietaria del bar in cui sembrava che vomitassi i bruscolini, un giorno si accorse che ero io il vomitatore folle e disse che mi avrebbe denunciato, che in tutta la sua vita non aveva mai visto uno schifo simile, le risposi che ero costretto a mangiare i bruscolini così perché soffrivo di mal di denti, avevo problemi alla masticazione, sembrò quasi convinta, si rabbonì ma disse che la prossima volta che trovava la vomitata di bruscolini chiamava il vigile che stazionava davanti alla scuola, per fargli vedere e denunciarmi.

Cominciai ad aspettare la corriera fuori dal bar, dicendo a chi mi chiedeva il perché che quella del bar mi stava sul cazzo.

Quella vecchia stupida e infame non capiva un vero duro.

PUNKISMO vs SUORISMO

Credo di essere sempre stato un po' punk, nel vero senso di rifiuto sociale, e le battaglie più cruente sono state contro le suore.

Suore, suore, suore ovunque mi sono ritrovato durante la vita, in ogni momento e posto c'erano suore guardiane di diopatriafamiglia che volevano regolarmi e controllarmi.

Da bambino mi portavano in un asilo gestito da suore, facevano un minestrone schifosissimo di fagioli che sembrava ci avessero cagato dentro, non escludo lo avessero fatto dall'odore nauseabondo, e volevano lo mangiassimo altrimenti ci mettevano in castigo, per fortuna ero più intelligente di adesso e trovavo sempre il modo per non mangiarlo o buttandolo quando erano girate in qualche vaso da fiori, o più spesso sedendomi vicino a un ciccione che aveva sempre fame e si mangiava volentieri anche la mia razione, anzi me la chiedeva subito lui.

Stavo quasi tutto il tempo al pomeriggio coricato per terra a guardare sotto il portone chiuso, c'era una grossa fessura e si vedevano le scarpe di chi veniva a prendere i figli prima della chiusura serale, speravo sempre di vedere le scarpe di mia mamma, invece lei era quasi sempre una delle ultime; le suore mi sgridavano perché invece di giocare con gli altri stavo coricato per terra, ma facevano giochi stupidi che non mi piacevano, mi prendevano con cattiveria e mi trascinavano con gli altri, ma appena si voltavano tornavo a buttarmi per terra e a guardare sotto il portone sperando che mi portassero via da quel posto schifoso; loro si incazzavano sempre di più quando mi ritrovavano gettato a terra, diventavano rosse nel viso fasciato di bianco, con occhi iniettati di odio, ed era l'unica cosa che mi divertiva di quel periodo il vederle con quella faccia stravolta per merito mio, sembrava che stessero per scoppiare dal colore che partiva dal rosso chiaro e arrivava a volte al rosso scuro.

Poi crescendo sono diventato sempre più insofferente a tutto e a tutti, ero andato alle superiori e mi hanno messo in una sezione di ragioneria che era parte di in un grande convento di suore, dicevano che la scuola pagava e anche caro l'affitto di quelle aule alla chiesa.

Anche li avevano sempre qualcosa da dire, non si vedevano durante il giorno, ma appena andavamo via controllavano tutto e poi riferivano alla preside se c'era anche una piccola scritta con la matita su un banco o una carta per terra; mi stavano antipatiche.

Ci avevano dato in dotazione dei piccoli bagni senza finestra e loro pochi metri dopo ne avevano di bellissimi, luminosi e spaziosi che noi non potevamo usare, perché erano nella loro zona a cui non potevamo accedere.

Ovviamente io li usavo spesso, controllavo che non ci fossero suore ed entravo, ma si accorsero che qualcuno li usava, perciò fecero un cartello in cui si vietava severamente di usarli ecc ecc.

Un giorno avevo da cagare e c'erano i bagni nostri occupati, così sono andato in quello delle suore di nascosto però mi accorsi che avevano chiuso le singole porte, notai che quelle delle docce erano socchiuse così entrai e cagai in una doccia contro la parete di piastrelle.

L'indomani fecero un casino, solo che non sapevano chi fosse stato, allora chiamarono un fabbro e per separarci dalla loro zona fecero fare un portone in ferro con delle sbarre come con le belve feroci dello zoo, lo chiudevano a chiave poi quando andavamo via lo riaprivano e venivano a controllare tutto.

Io ero sempre nei guai perché disegnavo spesso tette e fighe sul banco, si incazzavano, lo dicevano alla bidella e ai professori che mi dessero delle note.

Un giorno mi sono rotto il cazzo e con una penna nera ho scritto in grande spingendo fino a incidere il legno sulla porta che andava ai bagni: PRESIDE BOCCHINARA.

Il dì seguente ci fu un degheio perché dissero che una suora quando ha visto la scritta ha avuto un malore, quella merda della bidella ha detto che sicuramente ero stato io, qualche doppiamerda di compagno deve averlo confermato, allora una professoressa amica delle suore venne a sgridarmi e io le dissi: "Mi avete rotto la palle!!".

Uscii fuori da scuola e andai via a piedi, una professoressa mi insegui con la macchina dicendomi dal finestrino che tornassi, che ero minorenne e c'erano casini se mi allontanavo da scuola, erano responsabili loro, le risposi che io facevo quel che volevo e non volevo più andare a scuola; scappai lungo il marciapiede, tagliando giù per dei vicoli arrivai sulla statale e feci l'autostop per andare via di casa.

Si fermò una Lancia Stratos, salii, era un pazzoide che se l'era appena comprata, si mise a fare i 180/190 kmh con sorpassi slalom tra i camion della statale, guidando da incapace, un paio di volte mi sono visto morto, salvi per un pelo, stavo per cagarmi addosso.

Mi feci mettere giù al primo paese e presi un autobus con cui tornai a casa.

Il giorno dopo tornai a scuola, arrivò la convocazione della preside specificando che andassi da solo, aveva l'ufficio in un altro istituto a 500 metri da lì, tra l'altro era piccola e vecchissima, sempre vestita di scuro con abiti dal taglio antico e con i capelli bianchi sembrava avesse 90 anni e facendo la strada a piedi, col fatto che aveva specificato che andassi da solo senza che la bidella mi accompagnasse, mi ero fatto l'idea che volesse succhiarmelo veramente, mi prese la paranoia, pensavo a scuse da dirle, che avevo una malattia sessuale contagiosa, pensavo di dirle che ho lo scolo per farle passare la voglia, davanti all'ufficio ero agitato, poi sono entrato, mi sono seduto e parlando mi sono accorto che era di una intelligenza incredibile, aveva capito anche il motivo per cui mi comportavo così, abbiamo parlato a lungo, una delle persone più intelligenti che abbia mai conosciuto, le dissi che non ce la facevo più, lei mi disse che se avessi voluto ritornare a scuola o avessi avuto bisogno di aiuto per trovarmi un lavoro di andare in ufficio da lei che avrebbe cercato di aiutarmi.

Uscì dall'ufficio con me e mi riaccompagnò nella mia sezione dalle suore prendendomi a braccetto, ma io era vestito strano, capelli lunghi spettinati, barba lunga e orecchini da donna, numerose collane, infiniti braccialetti e anelli vari, jeans lacerati, una giacca blu di lana che mi arrivava alle ginocchia, con una camicia a fiori che si notava da lontano un paio di chilometri e stivaletti dai tacchi alti con cui ero sui 190 cm; lei era meno di 150 cm vestita come si usava un secolo prima, stavo tutto storto per camminare dandole il braccio, parlavamo ridendo spesso, sembrando in confidenza, la gente ci guardava strano, anche quelli che passavano in macchina, un ragazzino vestito eccentrico alto che camminava tutto storto con una vecchia piccolissima vestita come nel 1800 non li avevano mai visti, poi alla mia sezione c'era il cambio dell'ora, mi videro arrivare così e si convinsero che avessimo fatto sesso.

.

SCUOLA E PISTOLA

Quando andavo a scuola avevo passato i 18 anni, mi ero tenuto la barba, avevo due orecchini dorati fatti a forma di stella sull'orecchio sinistro, mi pettinavo i capelli all'indietro, indossavo un vecchio cappotto lungo blu che era di mio padre e con una piccola cartella nera mi recavo a scuola a bordo di una vetusta Fiat 500 gialla di 15 anni e con svariati chilometri sul groppone.

Era inverno e ci avevano trasferito in una sede distaccata, notai che quelli delle prime classi vedendomi arrivare in macchina e conciato così quando passavo si intimorivano, mi dicevano buongiorno, evidentemente pensavano fossi un insegnante, dissi loro: "Andate in classe ad aspettare l'arrivo del vostro insegnante, non sostate nei corridoi.".

Loro ci andarono, dopo un paio di volte quando mi videro arrivare sapendo che li mandavo dentro andarono già autonomamente tutti in classe, allora mi affacciai sulla porta dell'aula e urlai: "Spalancate le finestre, arieggiate i locali prima di soggiornarvi!".

Mi uscì così casualmente la frase, l'avevo letta su un qualche barattolo di spray insetticida.

Loro si lamentarono che c'era freddo ad aprire, dissi di mettersi i giubbotti, aprire dieci minuti e poi chiudere prima che arrivasse l'insegnante, così trovava l'aula con l'aria rinnovata che cominciava a scaldarsi, mi ascoltarono, in pieno inverno col ghiaccio si rimisero i giubbotti e spalancarono le finestre, glielo dissi anche all'altra aula di prima accanto e pure loro fecero come gli altri.

Il giorno successivo li vidi in classe con le finestre chiuse, allora mi affacciai sulla porta a dire di aprire le finestre, mi guardarono risentiti, dicendomi che l'insegnante si era arrabbiato e voleva dare una nota a tutta la classe per aver spalancato le finestre col freddo, e anche nella prima accanto la loro insegnante di italiano aveva dato per punizione un sacco di roba da studiare, perché anche lei si era arrabbiata per il freddo.

Commentai: "Che insegnanti smidollati!".

Una mi chiese che materia insegnavo, gli dissi: "Ma ti sembra che io sia un insegnante?"

"Sì, credevo che lei fosse un insegnante."

"Non credere mai perché ti sbaglierai sempre, io apprendo e basta, sono qui per quel motivo e non insegno niente a nessuno.".

Mi guardò perplessa.

Era un sabato, al pomeriggio mi ruppi le palle di andare in giro vestito così, mi lasciai i capelli sulle spalle, mi tagliai la barba e mi misi un giaccone scamosciato da navajo con le frange che avevo trovato per poche lire. Ora sembravo un nativo americano.

Passando davanti a un negozio di giocattoli vidi che c'era una svendita totale, c'erano pistole e stelle da ranger, mi comprai una pistola in metallo e anche una stella di latta da ranger; la stella me l'appuntai sul giaccone e la pistola la misi in una grande tasca interna.

La pistola mi divertiva perché sembrava vera, ma il motivo recondito era di usarla per il pesante calcio in caso di lite, poiché c'era un grassone più grande e grosso di me, mezzo fascista e mezzo idiota, con cui scaturivano spesso scintille perciò volevo essere certo di abbatterlo con ogni mezzo in caso di lite, anche a costo di sfondargli la faccia col calcio della pistola, quindi mi faceva comodo, e in quel periodo la tenni sempre con me, a portata di mano.

Arrivai a scuola il lunedì successivo messo così, quando mi videro passare per il corridoio i ragazzini mi guardarono stupiti, sembravo uscito da un film western, in aggiunta col tocco demenziale dell'essere vestito da indiano con la stella da ranger.

Vidi che alcuni andarono verso la bidella a chiedere lumi sullo strano individuo, notai mentre mi allontanavo che lei spiegava accalorandosi, prevedibilmente visto che le stavo sullo stomaco per vari atti sconsiderati di vandalismo che avevo compiuto in passato.

Il giorno successivo quando passai di lì uno che sembrava il bulletto capobranco galletto del pollaio mi disse: "Non romperci più i coglioni, lo sappiamo che sei il matto che fa la quarta e si veste come se fosse carnevale tutto l'anno.".

Mi voltai di scatto, tirai fuori la pistola in un lampo, gliela puntai bruscamente sotto la gola, premendo la canna d'acciaio contro la pelle e dicendo con voce roca:

"Entro la prossima luna io avrò il tuo scalpo.".

Ci fu un silenzio generale, credevano fosse vera.

La puntai verso il soffitto, tirai il grilletto, fece click, feci un sorriso.

Scoppiarono tutti a ridere, anche il galletto che disse:

"Ma sei proprio completamente pazzo!"

"Si sono un pazzo, ma lo so e lo faccio per divertirmi, invece voi che ve ne siete accorti dopo giorni e credevate fossi un insegnante siete dei ritardati mentali.".

Smisero di ridere, tutti.

Rimisi la pistola nella tasca interna del giaccone e andai verso la mia aula, con la consapevolezza che ormai ero come un treno spento quando va avanti per inerzia su un binario morto.

Quelle sarebbero state le ultime settimane di scuola.

LA FORZA

Ero debole. Debolissimamente debole, pelle e ossa, non mangiavo quasi mai, sopravvivevo nutrendomi di birre, mele e sigarette MS.

Ero il tipico metallaro con tutte le caratteristiche precipue, infatti cagavo due volte la settimana, giravo sempre con magliette macabre, faccia pallida e magra da stitico moribondo con la morte stampata sul petto. Delle volte andavo a trovare qualcuno e i suoi genitori gli dicevano che facevo impressione, di non frequentarmi, o se entravo in un negozio i bambini si ritraevano aggrappandosi impauriti alle gambe delle loro madri, o se mi sedevo su una panchina le ragazzine perbene delle panchine vicine si allontanavano.

Uno spauracchio, uno spaventapassere, un reietto, facevo schifo e paura alla gente comune; e la cosa invece di dispiacermi mi inorgogliva, mi sentivo realizzato nello essere schifato da certa gente.

Ma mi infastidiva star male fisicamente, l'eccessiva debolezza, avevo sempre il raffreddore, faticavo a fare qualsiasi attività fisica, stavo proprio male.

Poi un giorno avvenne una svolta inaspettata, stavo guidando una vecchia 131 due porte grigio scuro metallizzato che avevo comprato in autodemolizione e dall'autoradio da pochi soldi, equalizzata amplificata e illuminata con tante luci, a tutto volume distorto fuoriusciva l'hardrock di Frank Marino, nel tramonto lungo la strada vidi una ragazza davanti al bar della stazione delle corriere che aspettava l'autobus seduta sul marciapiede.

Aveva un giubbotto in pelle nero tipo chiodo, maglietta nera degli AC/DC, gonna in jeans scolorito e capelli mori unti; il rock era con lei e il suo spirito. Ero già nel bar con una birra in mano, visto che mi guardava andai vicino e iniziai con i soliti discorsi: Ciao, mi sembra di conoscerti, ci siamo già visti, di dove sei, posso accompagnarti io a casa che fai prima. ecc.

Si alzò, mi accorsi che era alta quasi quanto me e robusta, la portai a casa sua, abitava vicino al mare e facemmo subito amicizia, poi da cosa nasce cosa e la notte seguente si trombò; e poiché ci trovavamo bene si ritrombava spesso.

Andavamo ad accoppiarci con la macchina su una strada lungo una scogliera sul mare, di notte c'era spesso un vento forte, le onde si infrangevano violentemente sugli scogli e arrivavano gli spruzzi fin sulla strada. quando finivamo ci infilavamo solo il giubbotto chiodo nero identico che avevamo e ci sedevamo nudi col chiodo sul cofano della macchina a parlare, guardando il cielo stellato e il mare spazzati dal vento.

Una notte mi disse, con un atteggiamento mortificato, che i ragazzi che frequentava non riuscivano a sollevarla prendendola in braccio, e a lei invece le sarebbe piaciuto molto essere presa in braccio, stava quasi per commuoversi dal dispiacere di pesare più della media; io preso da una botta d'orgoglio maschile le dissi che ci provavo io, e ci provai, quasi cagandomi addosso dallo sforzo ci riuscii a stento a sollevarla fino a tenerla all'altezza del mio stomaco, la rimisi giù fingendo di non sentire lo sforzo

Lei mi guardò con occhi persi d'amore, mi disse che nessuno lo aveva mai fatto e mi baciò con passione, rifacemmo lungamente l'amore all'aperto, avvinghiati nel vento.

Così presi l'abitudine che ogni volta uscivamo dall'auto la prendevo con la mano sinistra sulla nuca, con l'altra mano sul culo con le dita alla bowilng nei buchi per migliorare la presa e la sollevavo; iniziai in questo modo a fortificare il fisico, mi veniva più appetito, a casa mangiavo molto e mi rinforzavo sempre più, dopo poche settimane riuscivo ad alzarla sopra la testa stendendo le braccia.

Eravamo bellissimi con i corpi avvolti dal vento, gli spruzzi del mare, la notte stellata sopra di noi, una t di metallari, un magro gambo con una robusta barra trasversale, io stavo il più possibile con lei sollevata che mi diceva parole d'amore, poi quando la rimettevo giù immancabilmente rifacevamo con veemenza sesso.

Però successe che suo padre, che faceva il pescatore, una notte con i suoi colleghi mentre costeggiavano la scogliera dicevano chi sono quei due cretini là che fanno nudi sollevamento pesi, ridevano a crepapelle ma poi le risa scemarono e la riconobbero nuda con solo il giubbotto sollevata verso il cielo, i suoi colleghi risero ancor più fragorosamente e con maggior gusto continuandolo a deridere per il resto della vita, lui invece si ammutolì e quando tornò a casa al mattino la buttò a calci fuori di casa.

Andò da una sua amica a stare ma dopo pochi giorni in accordo con l'amica che fece da paciere col padre torno a casa addossando la colpa a me, che ero io che insistevo per sollevarla nuda, che ero un pazzoide.

Non ci frequentammo più, mi diede molto fastidio questo suo comportamento infame, perciò non la cercai più.

In ogni storia vissuta c'è un parte di te che se ne va con lei e un'altra parte che rimane ed è fortificata, nel mio caso succedeva anche fisicamente, quella seppur breve storia in pochi mesi mi aveva cambiato l'organismo, ora avevo una forza incredibile.

Piovve per diversi giorni dentro me, ma con la forza ritrovata non ci feci molto caso.

IL CONCERTO DEI ROCKETS

Nel 1978 ho visto un concerto dei Rockets, vennero nella discoteca del mio paesino disperso nella campagna che chiamava ogni tanto personaggi famosi o quasi di allora, erano venuti anche Cicciolina e Mingardi.

Io con alcuni amici eravamo fissi in quel periodo nella radio privata del paese, perciò siamo andati a registrare il concerto senza così pagare l'ingresso, altrimenti se c'era da pagare non ci andavamo, avendo quasi tutti altri gusti musicali.

Passando davanti a un'osteria che faceva dei pesantissimi piatti tipici della zona ci hanno detto che i Rockets avevano cenato lì, abbiamo chiesto se mangiavano vestiti e verniciati come cantavano, ci hanno risposto: "No, erano vestiti normalmente.".

Arrivati dentro la minuscola discoteca ci siamo posizionati sul palco sulla destra, a pochi metri dai Rockets; avevano appena fatto un certo successo con la cover di On The Road Again, c'era gente ma non molta.

Hanno iniziato a suonare accompagnati dai loro effetti speciali: fumo, luci, raggi, scintille e lanci di candeline di plastica fosforescenti, ma davanti a loro sotto il palco si era posizionato un gruppo di teppisti che li hanno presi subito in antipatia, deridendoli e bersagliandoli di sputi, soprattutto al cantante, poi raccoglievano e tiravano addosso ai Rockets con violenza le candeline fosforescenti che loro avevano lanciato verso il pubblico.

Intanto il Rocket più vicino a noi aveva iniziato a bere acqua frizzante in continuazione da una bottiglia di vetro, stava poco bene, infatti poco dopo ha vomitato sul palco, un po' a lato, ed era divertente vedere un similalieno vomitare. Nel frattempo i teppisti hanno cominciato a spingere, volevano salire sul palco a menarli, c'era una security formata dai magrissimi operai che montavano il palco e facevano fatica a trattenere i teppisti, ogni tanto sembrava che sfondassero in un assurdo balletto di operai e teppisti avvinghiati, c'era da piegarsi dal ridere.

Il concerto è finito poco dopo, suonavano bene bisogna dire, considerando anche la situazione in cui si trovavano: sputi, insulti, candeline tirate addosso, minacce di botte, indigestione da cibi tipici, vomitata sul palco.

Terminato il concerto alcuni si lamentavano perché con le scintille si sono ritrovati la camicia piena di buchi, allora hanno avuto una maglietta dei Rockets e qualcosa meno del valore di una camicia in denaro.

Il giorno dopo siamo andati a sentire la registrazione che avevamo fatto ma non si sentiva praticamente niente, il registratore aveva le testine sporche e nessuno lo aveva controllato.

La cosa che più mi è rimasta impressa è che con gli sputi non colava la vernice che avevano.

La discoteca poi ha chiuso e hanno fatto un supermarket.

La radio ha chiuso dopo pochi anni.

L'osteria l'hanno chiusa perché non andava quasi nessuno a mangiare lì.

Quelli del gruppo dei teppisti tra alcol/droga/rapine/carcere/comunità sono spariti quasi tutti, o sepolti o in altri luoghi.

I Rockets li ho visti, ci sono ancora ma non si danno più la vernice, eppure era buona, neanche colava.

Però quelli che sono andati a vedere Cicciolina dicevano che si sono divertiti molto di più; grazie al cazzo.

IL BAR DEI SOSIA ROCK

C'era un bar-pizzeria di rockettari in una frazione di un paese, era un bel locale, con una vasta tettoia sul davanti, interni ampi con muri in pietra, e uno schermo su cui venivano proiettati in continuazione video e concerti rock.

Era in un posto strano, sembrava di stare negli Stati Uniti, in quanto situato su un vialone enorme a quattro corsie più una pista ciclabile con marciapiede su entrambi i lati e con degli alberi a lato; era praticamente largo come un'autostrada, iniziava di fianco allo stadio nei primi 500 metri con delle case, poi c'era il Bar Rock dove finiva il centro abitato e il vialone proseguiva solitario tra la campagna, finendo dopo poco più di un chilometro interrotto improvvisamente da alcuni segnali e un guard rail; l'avevano fatto per collegare due frazioni vicine e in prospettiva di un incremento demografico ed edilizio, ma tanta gente abbandonò la campagna per trasferirsi in centri più popolati, nonché avendo esagerato in larghezza e mania di grandezza erano finiti anche i soldi, per cui era stato interrotto il viale; nel tratto non utilizzato dopo il bar veniva di notte utilizzato per sfide di accelerazione e per soffermarsi a far sesso anche di gruppo o a drogarsi con le varie sostanze.

In quel Bar Rock si ritrovavano tutti gli sballati e i fuoriditesta dei dintorni, erano quasi tutti fanatici rockettari che conoscevano per nome i componenti dei vari gruppi, e invece di parlare e litigare di calcio lo si faceva con la musica, a esempio per i Roxy Music si presero a pugni, c'era chi sosteneva fosse musica da rincoglioniti e chi diceva che li aveva visti in concerto ed erano bravissimi, il miglior concerto a cui avesse assistito: "Ma tu non capisci un cazzo", "No, sei tu che non sai una sega, chi non è un esibizionista e non fa un assolo di due minuti con la chitarra è scarso per te, sei un imbecille". E spintoni, schiaffi, con uno scambio di pugni e di occhi neri.

La cosa più particolare era che venivi considerato se assomigliavi a qualche mito del rock, per cui era popolato da sosia dei vari musicisti: c'era quello vestito e pettinato identico a Bruce Springsteen ma che pesava più di un quintale con la pappagorgia, quello identico a Ray Manzarek tastierista dei Doors che fumava continuamente sigarette nazionali e bestemmiava ogni due parole che diceva, quello identico a John Lennon ma ignorante come un caprone, quello che assomigliava a

Jim Morrison ma era rimasto in pelata, per cui girava sempre con un ampio cappello in testa, e a chi gli diceva che Jim Morrison non lo avevano mai visto col cappello si incazzava sostenendo che anche Jim aveva un cappello simile, l'aveva visto…ma l'aveva visto solo lui.

C'era un tossico che assomigliava a Mick Jagger, succhiava cazzi e lo pigliava nel retro per prendersi una dose, e fin lì veniva accettato, ma poi si mise a infrangere i vetri e fregare le autoradio nel posteggio, e si sa che a un rockettaro fregargli l'autoradio è peggio che violentargli la madre, per cui una sera da un enorme dark sosia di Robert Smith dei Cure si prese una scarica di botte pazzesca, che gli spaccò un polso, le labbra da Jagger e quattro denti, da allora non si vide più.

Poi c'era Al Capone, un tipo sui 30 anni alto un metro e mezzo con una gigantesca Volvo bianca in debito, lo chiamavamo tutti Al Capone in quanto si atteggiava a duro e aveva sempre un fare sospetto, sembrava che stesse organizzando il crimine del secolo e invece scoprivi che aveva da vendere una caccolina o due di fumo da 5 carte con cui venivano a malapena 2 cannine, oppure lavorava in fabbrica e veniva a casa con la tuta camminando come un robot, ed era perché sotto la tuta si era legato attorno alle gambe col nastro isolante dei pezzi di cavi in rame che rubava durante il lavoro e poi li vendeva al ferrivecchi, naturalmente con quel fare sospetto e il macchinone dava nell'occhio, come non bastasse se incrociava la macchina di qualche tipo di forze dell'ordine diceva a quelli che erano su con lui di abbassarsi per passare inosservati e anche lui si abbassava sul sedile, finché non si vedeva neanche la testa, guardava la strada attraverso i buchi nel volante, così gli sbirri vedevano sfrecciare una macchina senza nessuno a bordo per non dare nell'occhio; risultato: lo pedinavano continuamente e quasi ogni mese lo portavano in caserma o lo denunciavano per delle stronzate, un Al Capone dei poveri.

C'erano pure gli sballati del 126, dei tipi con brutte facce che venivano fuori da non si sa dove e spesso erano accompagnati da ragazze sempre grasse, sulla vecchia minuscola Fiat 126 avevano fatto un impianto stereo che costava più della macchina e spaccava i timpani da fuori dall'auto, giravano come forsennati in macchina fumando continuamente canne ed ascoltando jazzrock a tutto volume, musica buona: Colosseum, Tangerine Dream,

Weather Report, Area, Perigeo, Billy Cobham, ecc; così se vedevi la macchina d'inverno da fuori era sempre piena dentro di nebbia da canne, e raccontavano che una volta d'estate erano in un bar in spiaggia, si era fermata al bar una corriera di handicappati mentali di un istituto con gli assistenti sociali e quando dovevano andarsene i pazienti hanno cominciato a piangere e a rifiutarsi, creando caos poiché si stavano divertendo e non volevano tornare, allora li hanno caricati a forza sulla corriera caricando anche gli sballati del 126 e un paio di obese che erano con loro, con quelle facce stravolte credevano fossero dei pazienti dell'istituto.

C'erano anche i sosia di Nel Young e Sid Vicious, due junkie figli di papà sempre stravolti oltre ogni limite, ingurgitavano intere confezioni di psicofarmaci e si facevano di tutto fino a svenire in giro, così alla notte quando chiudeva il bar se si vedevano coricati in qualche posto lungo il viale, li si metteva nel baule di qualche station come morti e li si depositava nei rispettivi giardini, il somigliante a Sid aveva il padre che era un insegnante fascista cattivo come una merda, al mattino se lo ritrovava in quelle condizioni lo prendeva a calci e cinghiate; poi visto che si

faceva sempre di più e peggio lo portò in comunità e non lo rivedemmo più.

Una sera uno dei più rispettati del locale, un
muratore sosia di Robert Plant dei Led Zep-
pelin che girava con la camicia aperta anche
d'inverno si avvicinò a me, avevo finito di
ballare con un paio di ragazze e stavo bevendo una birra, vedendo che non imitavo nessuno, mi disse: "Sai a chi assomigli?" "No." "A
John Kay degli Steppenwolf, ti muovi identico, stesso fisico e stesso taglio di capelli.".
Un paio di suoi amici gli diedero ragione, pure una ragazza che era con me disse gli assomigliavo molto, anche se non sapeva chi fosse.

Vista la mia titubanza chiese al proprietario
del locale di mettere su un filmato degli
Steppenwolf, dopo un po' lo mise e io andai a
sedermi al bancone vicino allo schermo, così
mi studiai il cantante degli Steppenwolf, ef-
fettivamente si muoveva simile a me, aveva i
capelli con un taglio simile al mio in quel
momento, anche la corporatura era tipo la
mia.

Però mi accorsi alla fine della serata che il
sosia di Plant se ne era andato con il suo amico sosia di David Gilmour dei Pink Floyd as-
sieme alle due ragazze che erano con me,

mentre io ero rimasto a parlare degli Steppenwolf con il barista; così tornai a casa da solo
pensando a quanto assomigliavo a John Kay
e a quanto stronze fossero quelle due, e anche
il similPlant e pure il similGilmour.

IL NEGOZIO DI MIO NONNO

Mio nonno aveva un negozio in cui non andava quasi nessuno, attendeva di avere gli anni per maturare la pensione perciò teneva aperto anche con un cliente alla settimana, quando andava bene.

Con un desolato neon che illuminava nel negozio semivuoto delle ciabatte fuori moda da decenni, dei vestiti da mondina anni 50 e dei cappelli con cui non vedevi girare più nessuno da anni, e se te ne provavi qualcuno per ridere a volte ci trovavi dentro un topo morto, probabilmente dal freddo e dalla fame; infatti d'inverno non accendeva neanche il riscaldamento e si metteva una busta di nylon in testa per stare caldo, faceva un freddo tremendo in quel negozio, c'erano 2 o 3 gradi in genere.

Aveva però una dieta antigelo, che seguiva anche d'estate; beveva un bicchierino di liquore all'uovo al mattino per colazione con qualche biscotto, poi a mezza mattina beveva un cognac perché diceva fa bene al cuore, poi a pranzo vino rosso in abbondanza con alla fine un caffè corretto con grappa e poi un amaro per digerire meglio, al pomeriggio una o due birre in lattina che dissetano, a cena ancora vino, poi andava all'osteria a bere il resto.

In negozio giocava continuamente alle parole crociate per ingannare il tempo, ma le faceva a modo suo.

C'era la definizione: Capoluogo della regione Lombardia.

Lui scrisse: lupppo.

E io chiesi: "Ma perché hai scritto lupppo con 3 p?"

lui: "Perché con una p non ci sta."

"Ma andava scritto Milano, non vedi che ci sta giusto."

lui: "Avevo voglia di scrivere lupo lì.".

Oppure un'altra volta c'era la definizione: È stata amante di Ulisse. Lui scrisse Sarag.

Gli chiesi che significava Sarag.

Mi disse: "Saragat."

io: "Ma era il Presidente della Repubblica, invece era Circe che è stata l'amante di Ulisse, guarda che ci sta, ci entra giusto il suo nome."

lui: "Ma lo sarà stato anche Saragat e ci sta il nome, basta non scrivere le ultime lettere."

io : "Che poi adesso c'è Leone che è Presidente, e ci stava nelle caselle."

lui: "Vero. Leone ci sta.".

Corresse scrivendo Leone.

Era un naif-dadaista.

ON THE ROAD AGAIN

Ero un punk poi mi sono rabbonito.

Abbigliamento tipico: camicia a fiori, sandali e jeans anche d'estate, ovverosia un hippy dal culo sudato in ritardo sui tempi.

La causa del cambiamento era che avevo letto "Sulla strada" di Kerouac e mi ero montato la testa, per cui ho anche venduto la macchina e mi sono messo a girare in autostop.

Spesso rallentavano, probabilmente da lontano credevano una ragazza avendo i capelli lunghi, ma quando mi vedevano bene in faccia con la barba e gli orecchini acceleravano, se stavano accostando accelerando sollevavano polvere e ghiaino, che mi finivano spesso addosso.

Un paio di volte degli stronzi hanno anche tentato d'investirmi.

Ma non mi prendeva su quasi nessuno e se per caso mi prendevano su era peggio perché, forse per la scarsa simpatia o forse per l'odore da capra affumicata che emanavo, con delle scuse mi lasciavano quasi sempre prima della destinazione, in posti isolati, dove nessuno si fermava.

Ore così, sotto la pioggia, sotto il sole, di notte, d'inverno col freddo, ad aspettare.

Quando ero disperato se potevo prendevo il treno o la corriera.

Ore perse. Giornate perse.

Dopo quasi un anno, deluso e rabbioso, sono ridiventato un inferocito punk e sono andato in autodemolizione a prendermi una vecchia Citroen ancora funzionante.

Mi è cambiata la vita in meglio.

Tutto questo a Kerouac non sarebbe successo.

Siamo in Italia, purtroppo.

Teniamolo sempre presente e non montiamoci la testa.

TORNO IN NERO

Camminando spettinato nei pensieri dalle costellazioni, lungo il bagnasciuga di notte, sto seguendo una via lattea di conchiglie e di pensieri spersi, nei riflessi lunari sulle onde colgo rimandi ai miei ricordi, mentre lo sciacquio marino ridà vita a momenti persi.
Correvo sulla spiaggia, correvo nella vita.
Mi metto seduto su un vecchio e grosso tronco trasportato qui da chissà dove, solo qualche luce all'orizzonte mi ricorda che ci sono altre persone su questo pianeta, sono sempre stato meglio da solo, e spesso lo sono, anche quando sono in compagnia.
Penso a un anno memorabile della mia vita, mi rispondo: il 1981; era stato un inverno freddo, seguito dalla primavera più calda che si ricordasse, una piena estate torrida anticipata in maggio, in estate dei temporali che facevano calare la temperatura di 15 gradi in pochi minuti, un autunno umido e malinconico, e un inverno che sapeva di fine del mondo.
Ma ogni momento aveva un sapore come fosse sia il primo che l'ultimo della vita.
Che anno l'ottantuno!

Mi ridesto dai pensieri e mi arriva come una secchiata d'acqua fredda in faccia l'anno 2013.

Magari è un buco spaziotempo da cui sono uscito.

Trentadue anni sono una vita ma per me sono passati più veloci che se fossero giorni.

O era allora che il tempo mi marchiava a fuoco, dentro, secondo per secondo, mentre poi è calata una nebbia in cui si vaga confusi e distratti.

Troppa televisione da allora è entrata nelle menti, direbbe qualcuno.

Gli anni che passano, si fanno uguali e veloci, mentre tu smarrito diventi un semplice passeggero del tempo, guardi dal finestrino, ogni tanto scendi ma ti scopri ancora più smarrito, e ritorni nel tuo rifugio a guardare con sempre maggiore distacco lo scorrere della vita.

Sento nella mente i rintocchi delle campane a morto, vengono dagli infuocati ricordi del 1981, una canzone sentita per la prima volta, era per il cantante precedente morto, Bon Scott, il nuovo cantante Brian Johnson e il gruppo gli stavano cantando le campane dell'inferno, in suo onore.

Hells Bells.

E risento la vita riscorrere.

LA SETTA RELIGIOSA

Quando di notte mi sento solo e ho voglia di compagnia salgo sulla mia vecchia macchina prossima all'autodemolizione, vado al distributore automatico e faccio 10 euro di benzina, poi mi avvio lungo le strade più desolate che conosco.

In quel profondo della notte in cui non c'è nessuno anche di giorno mi sento in compagnia, accendo la radio su qualche programma jazz, rivivo nella mente e rido con episodi divertenti del mio passato, passo affettuosamente il braccio dietro il poggiatesta del sedile accanto, così mi sembra d'essere in compagnia con una ragazza che mi ama e sto meglio, ogni tanto le dico qualcosa.

Ora sto passando lungo una stradina che costeggia la pineta, dal lato opposto della strada invece si aprono infiniti e desertici campi di terra arati, in questa notte di novembre dai finestrini leggermente abbassati percepisco l'odore di terra rivoltata, le viscere del terreno spandono nell'aria i loro umori.

All'improvviso vedo una ragazza che cammina nella pineta, con un vestito bianco lungo, una fascia bianca in fronte che trattiene i capelli lunghi e mori, mi pare scalza, sarà a 30

metri dalla strada, cammina tenendosi accanto a dove iniziano i pini.

Rallento, mi fa un ampio cenno con un braccio, come a invitarmi ad andare da lei, sono
spaventato da quella visione improvvisa, ra-
zionalizzo, potrebbe aver bisogno d'aiuto,
blocco la macchina.

Scendo e cammino verso di lei.

Lei entra nella pineta e mi fa il gesto di se-
guirla. Mi fermo un attimo, spero non sia un
trappolone, spero non sia con qualcuno che
mi assale, torno indietro alla macchina, dalla
borsa degli attrezzi sotto il sedile senza farmi
notare prendo un taglierino e me lo metto in
tasca, tolgo le chiavi e chiudo a chiave la portiera, ritorno verso la pineta.

Lei la intravedo tra i primi pini, mi sta aspettando.

Quando le sono vicino le chiedo: "Ma cosa ci
fai in piena notte da sola nella pineta? Hai bisogno di qualcosa?".

Lei con un fil di voce mi risponde:

"Sssssssshhhhh non parlare ad alta voce, ri-
spetta lo spirito degli alberi, sussurrami solo
le tue parole più dolci, parlami del tuo amore."

"Ma che cazzo ti sei fumata? Dai vieni che ti riporto a casa, prendi freddo scalza e ti ferisci i piedi."

"Non posso abbandonare la foresta, perdo il mio spirito se mi allontano da questo mio habitat."

"Ma lascia perdere che non è una foresta è una pineta, vieni via che qua è pieno di merde cagate e fazzoletti sborrati o smerdati, che spirito vuoi che ci sia, e sta attenta che non ti pianti una siringa in un piede.".

Esce dalla penombra, la vedo in faccia illuminata dalla luna, è sui venticinque anni, bianchissima, magrissima, mi porge la mano, la prendo, è fredda.

"Senti che mano gelida che hai, dai vieni che ti prendi un malanno qui scalza e al freddo.".

Si avvicina a mi bacia, ha la bocca che sa di terra, la lingua è calda e mi penetra, ricambio il gioco. Sono già eccitato come un toro da monta. Le tocco le tette, lei con una forza inaspettata mi blocca le mani.

"Puoi solo baciarmi, puoi solo ascoltare il mio spirito e farti penetrare da lui."

"Solo baciarti, ma che è? Non sarai di qualche religione del cazzo che proibisce anche di toccarsi i genitali."

"Sono la figlia della foresta, il mio spirito guida è il mio maestro Skarkaio Papalon."

"Cos'è un indiano?"

"No era un disoccupato veneto che bestemmiava e sputava sempre a terra, i suoi compaesani lo ritenevano uno stupido e lo avevano soprannominato Skarkaio Papalon, ma lui un giorno camminando nella foresta in cerca di pinoli ha avuto un'illuminazione, ha adottato il nome che voleva denigrarlo e ne ha fatto il punto di partenza di una nuova vita, in cui le brutture del mondo ti scivolano via, e tu diventi più forte con lo spirito della natura nelle foreste che ti protegge dalle negatività di questa civiltà."

"Ah ho capito adesso chi sei! Sei una dei drogati che vivono nelle roulotte sull'argine del canale.

Skarkaio ho capito chi è, è un idiota che rubava le autoradio per farsi, aveva fregato pure la mia che avevo, ora si è messo a fare il guru del cazzo per i fessi che ci credono, ha fatto quella specie di villaggio abusivo con le roulotte, così con le quattro fregnacce che racconta ha chi vende i braccialettini, spaccia o chiede la carità per lui, ed è pieno di soldi. Non farti fregare da quell'imbecille!"

"Non parlare così di Skarkaio, è il mio maestro di vita, è la mia vita, è tutto."

"E' uno stronzo, ascolta me."

"Lui è Dio."

"Allora va affanculo tu e il tuo dio del cazzo, svegliati, dio non frega le autoradio, dio non è un pezzo di merda.".

Lei si mette le mani sulle orecchie e si mette a piangere: "Non puoi parlare così di Skarkaio, mi fai morire dal dispiacere.".

Mi dispiace vederla piangere, la sento come una creatura indifesa e sofferente, mi avvicino e le dico:

"Scusa, non volevo farti star male.".

L'abbraccio e le bacio la fronte.

Lei si asciuga le lacrime col dorso delle mani, poi mi guarda sorridendo e mi dice:

"Tu hai solo bisogno di tanto amore, ora prego per te.".

Si inginocchia davanti a me con le mani giunte, chiude gli occhi rivolgendo il viso verso l'alto, la luna le illumina il viso, è bellissima.

Le chiedo: "Stai pregando per me?".

Senza rispondermi mi apre la cintura e mi abbassa i pantaloni, mi abbassa i boxer e comincia a succhiarmelo tenendo le mani giunte.

"Sì, cazzo sì, questa sì che è una bella preghiera, e bravo Skarkaio, si è inventato una bellissima religione, mi dispiace averne parlato male!".

Lei sentendo le mie parole si entusiasma e me lo succhia con maggiore impegno, si stacca un attimo e mi dice:

"Prega anche tu, ricambia.".

Mi abbasso, mi stendo a terra, la faccio salire sopra di me in posizione inversa, le alzo il vestito ed è senza mutande, inizio a leccarla mentre lei riprende a succhiarlo.

Ha la figa sporca di residui di piscio, sputo via, le ho fatto il bidet, riprendo col leccaggio,

Un sessantanove lungo e strepitoso, ci veniamo addosso quasi contemporaneamente, a pochi secondi di distanza.

Lei si volta, mi raggiunge e mi bacia in bocca, dicendomi:

"Grazie di aver pregato con me, ora sei anche tu un figlio della foresta, vieni a pregare con noi."

"Ma io...".

Si alza e mi prende la mano: "Dai vieni con me.".

La seguo sistemandomi i calzoni, attraversiamo la pineta per un duecento metri, e sbocchiamo su una stradina sterrata che porta all'argine del canale dove ci sono le roulotte di Skarkaio e i suoi adepti.

Arrivati alle roulotte lei bussa alla roulotte più grande e nuova:

"Chi è che rompe i coglioni al Grande Maestro Skarkaio a quest'ora?"

"Sono Samantha, mi scusi Grande Maestro ma ho trovato un nuovo fedele."

"Fallo venire dentro a pregare con me.".

Samantha mi dice: "Vai il Grande Maestro ti aspetta.".

Entro, chiudo la porta alle mie spalle, Skarkaio è girato, si volta con il cazzo fuori, mi riconosce.

"Tu! Cosa fai qui? Cosa vuoi?".

Gli tiro un calcione sullo stomaco che si piega in ginocchio, gli stringo la sciarpetta che ha al collo con la sinistra, sollevandolo, fino a farlo stare in punta di piedi, con la destra estraggo dai calzoni il taglierino e glielo punto alla gola.

"Senti buffone merda umana, una volta mi hai fregato la radio e non ti ho trovato per sfondarti, so che sei stato tu, ora ascoltami bene: dici a Samantha che deve venire con me e starmi sempre vicino, che sarò io il suo maestro di vita da adesso in poi, altrimenti ti spacco le ossa e poi ti butto nel canale."

"Va bene, va bene, dai non stiamo a litigare, non farmi male, scusa, ti do anche i soldi dell'autoradio.".

Lo lascio, apre un cassetto e mi porge due biglietti da cento euro, li prendo e me li metto in tasca insieme al taglierino, costava 70 euro l'autoradio, ci guadagno.

Apre la porta della roulotte e chiama Samantha.

Lei sale nella roulotte.

"Ascoltami Samatha, quest'uomo ho percepito che è la tua guida, da adesso sarà lui il tuo maestro di vita, io ho finito il percorso con te, inizia il suo che continuerà per il resto della tua vita.".

Lei si mette a piangere e si inginocchia a terra:

"Grazie Grande Maestro Skarkaio, posso ringraziarla pregando un'ultima volta con lei?".

Le urlo: "NO!"

La afferro per le spalle e la sollevo.

"Puoi pregare solo con me da adesso in poi."

"Grazie Grande Maestro Cometichiami?"

"Mi chiamo Luca Andetti, tu chiamami Luca e basta, senza grandi e maestri.".

Lei si abbassa per pregare succhiandomelo.

La rialzo: "Vieni con me a casa mia, che preghiamo lì e a lungo.".

La porto a casa.

Tre mesi e mezzo di passione e felicità.

Poi un giorno mi dice: "Chiamandoti Luca invece di Maestro ti vedo in un'altra luce, come umano, ho cominciato a pensare a me stessa e ho deciso di andare via, riprendo a studiare all'università che mi mancano solo tre esami per laurearmi in economia, è stato bello ma non sento più quella devozione che avevo all'inizio."

"Non andartene Samantha, dai, ti voglio bene, sto male se te ne vai."

"Mi dispiace Luca ma non sento più quella devozione. Devo andare. Ciao."

"Ciao.".

Esce.

Penso che Skarkaio è più furbo di me, allontanandomi dalla soggezione religiosa non facendomi chiamare Grande Maestro alla fine ha visto l'umano che sono e non l'idealizzazione del divino, così l'ho persa.

Però finalmente è una donna libera, in fondo sono più contento così, perché la amo veramente.

IL FALCO

C'era il Falco, in quanto predatore di femmine, un imbianchino che si atteggiava a conquistatore, trombatore, affascinante playboy.

Alla sera usciva vestito di marca, poi capitava verso le due di notte da noi ragazzini con qualche anno meno di lui, che sedevamo sulle panchine della piazza, veniva a raccontarci le sue avventure.

Erano sempre ragazze bellissime conosciute casualmente nelle più svariate discoteche, offriva loro da bere e poi proponeva di portarle a casa, affascinate da cotanta eleganza accettavano, poi si fermava lungo la strada...e ci raccontava.

Era magro, bruttino, bassotto, aveva capelli neri e curatissimi con un taglio alla Toto Cutugno, usava dopobarba e profumi che si sentivano a metri di distanza, jeans a sigaretta strettissimi e per sembrare più alto stivaletti anche d'estate, più maglie o camicie alla moda firmate, collane e braccialetti vari d'oro, e aveva un accendino zippo a benzina color oro che scoperchiava mentre parlava, interrompeva il racconto di solito nei punti cruciali più spinti, accendeva la Marlboro con aria vissuta, mentre tutti aspettavano il seguito della storia, qualcuno rimaneva persino con la bocca leggermente aperta nell'attesa, lui nel silenzio più totale del pubblico richiudeva con calma lo zippo, dava qualche lunga, interminabile boccata, quella prima di riprendere il discorso ne espelleva bruscamente il fumo per il naso, con aria un po' scocciata, riprendeva la narrazione delle sue vicende erotiche.

La trama era sempre quella, prima pompino, poi in vagina un paio di venute che ci descriveva nei particolari, se la conosceva già in genere ci raccontava che glielo infilava pure dal retro per la terza venuta.

C'era l'orologio del municipio che batteva le ore, se lo interrompeva mentre stava parlando il Falco contava i rintocchi aggiungendo delle ore, se a esempio erano le quattro del mattino, lui contava i rintocchi ad alta voce dicendo : "Uno!", "Due!","Tre!","Quattro!". Poi emetteva un forte rutto dicendo: "Cinque!". Poi un altro rutto: "Sei!". Poi una scorreggia: "Sette!". Un'altra: "Otto!". Un'altra ancora: "Nove!".

In genere arrivava un ruttone finale: "E dieci! E vaffanculo quella faccia di merda del sindaco e il suo orologio rompicoglioni!"

Noi ridevamo, era stupefacente soprattutto come avesse sempre pronta dell'aria in eccesso da espellere dagli orifizi. Però dopo un po' ci si rompeva le palle ad ascoltare le sue storie sempre simili, si finiva per chiedergli dove aveva comprato la maglietta o i jeans, a volte sbagliava a dire il nome allora si dava uno schiaffo, diceva: "Questa è CP Company. No!" . Dandosi un forte schiaffo su una guancia. "Questa è Gb Pedrini, mi sbaglio sempre.".

Una notte facendo la solita scenetta di continuare i rintocchi dell'orologio con rutti e scorregge arrivò al dodici con una scoreggia dal rumore strano, una specie di plof.

"Cazzo, mi sono cagato addosso!".

Ci salutò e si allontanò andando verso casa, camminando con gambe tipo cowboy appena smontato dal cavallo.

Diversi anni dopo incontrai il Falco al bar, in un freddo e nebbioso sabato sera d'inverno.

Appena mi vide mi prese per un braccio, mi allontanò dal bancone e avvicinandosi con la bocca al mio orecchio mi disse a bassa voce: "Vieni con me, ho un appuntamento con due ragazze che ho conosciuto, sono uno schianto, una più bella dell'altra e disponibili, da perderci la testa, ma se vado da solo non combino niente, non sono tipe che fanno cose a tre, ci vuole uno che mi accompagni e si prenda l'altra, l'amica di quella con cui ho più confidenza, la più alta delle due. Vieni tu con me!"

"Se sono belle e disponibili come dici mi va bene, a me piacciono quelle alte e sono libero da impegni stasera, vengo! Dove dobbiamo andare?"

"In riviera romagnola, dopo Rimini."

"Cazzo dopo Rimini, con quella nebbia che c'è! Spero ne valga la pena."

"Non preoccuparti, andiamo con la mia macchina, guido io che conosco bene la strada, ho la macchina nuova, così ci presentiamo meglio, tu hai quella Citroen scassata e ammaccata da tossici, sembriamo evasi da una comunità di recupero se andiamo con la tua. Sono le più belle della discoteca, hanno sempre gli occhi di tutti addosso, dobbiamo presentarci bene ed è un posto di classe, sarebbe meglio che tu andassi a casa a cambiarti.".

Avevo un giubbotto in tela verde militare, jeans stracciati e una berretta di lana calcata sugli occhi, istintivamente mi venne da mandarlo affanculo, lui percepì dallo sguardo e mi spiegò che era un posto di classe, buttavano fuori anche lui se si presentava con me messo così, mi disse: "Vestiti col tuo stile, anche eccentrico, ma meglio possibile.". Le parole e il tono con cui me lo disse erano rispettose, mi piacquero, poi avevo pure il cervello in tiro per le superfighe che diceva, andai a casa a vestirmi meglio.

Mi misi un paio di calzoni bianchi in velluto e una camicia in panno color marrone con dei disegni tribali africani neri, tirai fuori un paio di vecchi stivaletti a punta col tacco poiché aveva detto sarei andato con quella alta, mi misurai col metro avvolgibile, con quelli ero 186 centimetri, le sarei piaciuto. Indossai un vecchio impermeabile che avevo comprato sul mercato anni prima, sembravo Adriano Celentano dall'abbigliamento.

Per dare un tocco di classe mi legai al collo una sciarpa di seta color oro con dei disegnini blu, era di mio padre e la usava quando andava in moto, o poi in vespa, al lavoro; le tarme l'avevano bucherellata, ma piegai all'interno la parte bucata, me la legai alta sul collo e mi pettinai i capelli all'indietro, ora sembravo uno spacciatore sudamericano benestante, mi avrebbero fatto entrare.

Doveva passare a prendermi davanti a casa.

Uscii tra la nebbia che stava aumentando, mi venne in mente allora che non sapevo che macchina avesse, mi aveva detto che ha la macchina nuova senza dire che tipo di auto si era preso, non l'avevo vista, ero uscito dal bar ed ero tornato a casa con la mia. Pensai che sicuramente la sua sarà stata un'auto di lusso, visto quello che aveva detto della mia, aveva un amico con la Bmw e l'altro con il Mercedes, lui dal tipo che era probabilmente si era preso il Bmw.

Guardavo le poche macchine che passavano e vidi un Bmw nero, feci cenno che si fermasse ma tirò dritto, non era lui.

Arrivò una Fiat 127 rosso mattone con un'antenna della radio gigantesca, era sicuramente qualche anziano, guardai verso la macchina successiva, ma si fermò.

Era il Falco.

"Bravo, sei vestito benissimo, dai che andiamo e le sfondiamo in tutti i buchi!".

Salii e partimmo.

Sull'autoradio aveva inserita una cassetta di Claudio Baglioni, c'era una nebbia che si vedeva appena la prima riga spezzettata di mezzeria.

Per un po' parlai con lui, poi non ce la feci più e scoppiai in bestemmie e imprecazioni.

"Portami indietro se dobbiamo farci delle ore di macchina nella nebbia con questa musica!"

"Cambia, ho delle altre cassette.".

Mise una mano dietro il sedile e mi passò un contenitore con delle musicassette, accesi la luce di cortesia, guardai: Antonello Venditti, Pooh, ancora Baglioni, una compilation dell'ultimo San Remo, Alice, Elton John, Dire Straits, Lucio Battisti, un paio di compilation dance.

Misi su i Dire Straits, da viaggio in auto vanno sempre bene.

Fu un viaggio interminabile, la nebbia si alzò un po', ma sbagliammo strada, finimmo in un paesino sconosciuto con case antiche, sembrava di essere tornati indietro nel tempo, dovemmo fare un giro lunghissimo per tornare sulla strada giusta, dopo quasi tre ore di viaggio arrivammo finalmente dove c'era la discoteca.

Era quasi l'una di notte, ma c'erano poche macchine sul piazzale.

Andammo dentro.

Io vestito da narcos e il Falco da tamarro elegante con giubbotto di pelle nero e jeans, stivaletti a punta entrambi, ci si parò di fronte un armadio di buttafuori oltre i due metri che io non gli arrivavo alle spalle; sembrava volesse buttarci fuori, invece gentilissimo ci indicò la biglietteria e il guardaroba, ci spiegò che avevamo una consumazione libera compresa nel biglietto.

Entrammo attraverso una specie di sipario.

Un ambiente triste, deludente, con luci soffuse e musica banale da discoteca.

C'era uno strano miscuglio di fighetti firmati e dall'aria arrogante cocainomane oppure dark pallidi impediti, che sembrava fossero minimo due settimane che non cagavano o avessero mezza Thailandia in vena.

Venivano verso noi due ragazze dark, una bionda bassa e una mora alta, pallide come fossero morte in via di putrefazione, gli chiesi se erano loro.

No.

In effetti aveva detto ragazze eleganti e strafighe, non potevano essere quelle due dark in fin di vita.

Andammo al bar a reggere il bancone e sorseggiare un paio di bourbon con la consumazione.

Passava qualche bella ragazza, era passata l'una e mezza, cominciava ad arrivare più gente, pensavo a loro che erano le più belle, mi aveva detto che avevano un appartamento li vicino, m'immaginavo una notte di sesso con la ragazza alta, eravamo nudi, ci baciavamo ovunque con passione, la mia lingua scorreva sul suo corpo,...

Mentre io avevo il trip erotico lui saluta due piccole culone brutte ed esaltate, neanche lo guardano, vedo che rincorre la più bassa e la prende per il braccio, lei le dice: "Ma che cazzo vuoi?".

E lui: "Ma non ti ricordi di me?". Lei neanche lo bada, con fare antipatico dice che in compagnia con degli amici, parlotta con la sua amica, lei sarà 150 centimetri con i tacchi e i denti marci, la sua amica 160 cm con tacchi e viso pieno di brufoli, parlottano e se ne vanno.

Lui ritorna al bancone del bar, ci prendiamo un altro giro di bourbon. Poi mi chiede se andiamo al bar davanti al piazzale che tengono aperto tutta la notte, così si prende le sigarette e possiamo bere qualcos'altro spendendo meno,

Usciamo e andiamo nel bar, prendiamo un paio di birre e le sigarette. Poi un altro giro di birre. Al terzo giro gli chiedo se si può andare noi dalle figone, se sa dove hanno l'appartamento possiamo andare a vedere se ci sono.

"Mi hanno detto che non possono venire."

"Ma quando le hai viste?"

"Prima in discoteca.".

Io delusissimo:

"Potevi dirmelo, non le ho neanche viste!".

Dopo un attimo mi si accese il cervello, feci uno più uno uguale le due mostriciattole stronze.

"Ma stai scherzando???? Erano quelle due antipaticissime cesse in miniatura???"

"Mi parevano meglio l'altra volta.".

Mi veniva voglia di rompergli la bottiglia di birra vuota sul cranio, feci fatica a trattenermi.

"Andiamo a casa che è meglio." dissi.

"Sì, stavolta ci è andata male, ma sarà per la prossima volta."

Si alzò, prese altre quattro birre in bottiglia e pagò per entrambi.

Tornammo a casa mestamente tra la nebbia, fumando sigarette e bevendo birra.

Non ci fu mai la prossima volta.

SBIRROLINO

"Apra il baule e mi favorisca i documenti.".
Lino, il piccolo malvoluto sbirro soprannominato nei peggiori bar Sbirrolino mi aveva fermato nuovamente.
"Non si apre il baule, la serratura si è rotta. Per accedere al baule bisogna tirare giù i sedili posteriori. Non capisco poi perché mi chiede i documenti, li ha visti anche ieri, non è il giornale in cui ci sono nuove notizie."
"Senta lei faccia poco lo spiritoso e mi favorisca i documenti se non vuole che la sbatta dentro. Non ho tempo da perdere."
"Appunto quello dicevo. Se non ha tempo da perdere mi domandavo perché ripete le cose fatte ieri. Comunque se ci tiene a vederli eccoli qua i documenti, uguali identici a ieri, hanno passato una notte tranquilla nel tepore del cruscotto."
"Lei se non la smette di fare le sue stupide battute fa una brutta fine, la avviso!".
Con faccia seria, abbattuta, guardando a terra sto zitto tenendo il broncio.
Nervosamente Sbirrolino scrive i dati dei documenti, poi torna da me, chiede di vedere il baule avvicinandosi al retro dell'auto.

"Come le ho detto non si apre.". E faccio vedere che tirando la maniglia non funziona, prova anche lui e non ci riesce ad aprire. "Abbassi i sedili allora." Apro una porta posteriore entro con le mani e tiro le levette abbassando i sedili posteriori, "Ecco guardi pure.". Lui cerca di entrare ma con i sedili abbassati non si entra bene e non si vede niente, allora chiama il suo collega facendosi portare la pila, con quella guarda e vede che il baule è vuoto, cerca di allungarsi per vedere meglio ma la divisa si impiglia nei ganci dei sedili posteriori.

Innervosito si ritira.

"Va bene, può andare, buongiorno."

"Ngiorno." borbotto fingendomi ancora risentito.

Risalgo in auto e me ne vado, mi fermo al supermarket mezzo chilometro dopo, faccio la spesa, torno col carrello e apro il baule che era semplicemente chiuso a chiave, dicevo che non si apriva per un gioco con Sbirolino a farlo dannare, ognuno a cui stava sul cazzo si inventava qualcosa per rompergli le palle. Sto mettendo dentro la roba e attraverso il vetro del portellone vedo arrivare Sbirrolino, chiudo immediatamente, apro la portiera posteriore e comincio a mettere la roba dentro sui sedili posteriori, lui passando guarda con sguardo soddisfatto, non avendo visto quando avevo aperto e vedendomi caricare la spesa fatta sui sedili ha accertato che è vero che il baule non funziona, si sente un grande detective.

Parto e arrivo nella piazza del paese dove trovo la solita compagnia d'intossicati, alcolizzati e fuori di testa variopinti.

Mi fermo e seduto in auto mi metto a parlare dal finestrino, una vede che ho fatto la spesa. "Hai birre?". Si avvicina al finestrino e le vede sui sedili dietro: "Guarda quante birre!". Arrivano degli altri, circondano la mia auto come zombie affamati che hanno visto la carne umana, battono sui vetri con i palmi delle mani, farebbero impressione se non sapessi quanto sono coglioni, e mi rompe pure il cazzo dare a loro le mie birre, comprate per tenermele in casa, potrei mandarli tutti affanculo che se lo meritano ampiamente ma mi dispiace perché spesso sono io a scrocco loro. "Ho fretta e devo andar via, ve ne do quattro e son pure troppe, ve le dividete in sette, fate le parti o giocatevele a poker." ne strappo 4 dalla confezione e gliele passo, loro aprono e le passano tra loro. Mario Tossico da lontano mi vede e si avvicina, mi dice: "È da ieri mezzogiorno che non mangio, hai qualcosa da mangiare.". Scendo, apro il baule e guardo, trovo le 5 confezioni da 20 pacchetti di cracker, gliene porgo una confezione intera."Ho questi se vuoi.". Lui li prende contento, apre subito e comincia a mangiarne, lasciando il baule aperto vado sui sedili posteriori e prendo una birra anche per Mario, mi guarda felice con occhi stanchi, strafatti e malinconici da cane randagio, con la bocca piena di briciole di cracker sputazzandole mi dice: "Grazie, sei un amico.".

Ma nel mentre ripassa Sbirrolino col suo compare e si blocca frenando rumorosamente.

Scende di scatto dall'auto: "Allora funziona il baule, non era vero niente quello che dicevi."

"Me lo ha appena aggiustato il mio amico che si intende d'auto." dico indicando Mario strafatto .

"Si intende d'autoradio." fa Sbirrolino.

Adesso era lui che faceva le battute. Gli dico: "Prima mi ha visto davanti al supermarket che mettevo la spesa sui sedili dietro, se avevo il portellone del baule che funzionava l'avrei messa nel baule, non le pare?".

Sbirrolino pare convinto ma guardando la parte di spesa che è nel baule mi dice: "E questa allora, perché è qui?".

"Stavo giusto passando nel baule la spesa adesso che posso accedervi, grazie a lui che me l'ha aggiustato, così è più sicuro viaggiare perché se si frena bruscamente gli oggetti possono finire verso i sedili anteriori e ostacolare la guida.".

Sbirrolino guarda con sospetto, deve avere un sentore di ironia e presa per il culo dalle mie parole, con fare deciso va verso il mio baule con un cenno chiama il suo collega:

"Diamo una controllata.". E comincia a rovistare, sposta da una parte la spesa che c'è, solleva il tappetino e guarda la ruota di scorta, con l'altro suo collega la tira fuori, guardano nella custodia degli attrezzi.

"Potete contargli anche i peli del cazzo!" dice forte una voce alle loro spalle.

Sbirrolino si volta rosso furioso in volto: "Io vi sbatto tutti dentro, vi prendo a calci nei coglioni e vi arresto, cosa credete di fare i furbi con me? Capitate male.".

Un sonoro rutto da birra tuonò nell'aria.

Sbirrolino si mette a correre e prende per un braccio Maicol che stava guardando la scena appoggiato a un pino: "Sei stato tu!"

"Ma non sono stato io, veniva dall'altra parte.".

E tutti quanti noi: "E' vero.", "L'ho sentito anch'io." ,"Veniva da quell'altra parte.", "Non è stato lui.".

Ognuno cominciò a dire cosa stava facendo e che il rutto distintamente partì dalla parte opposta di Maicol, a quel punto il collega di Sbirrolino disse: "Anche a me è parso venisse dall'altra parte.".

Sbirrolino incazzato col collega: "Potevi dirmelo subito, dove hai il cervello?", si avvicina di corsa da quelli dell'altra parte: "Chi è stato di voi? "

E tutti dicevamo: "Veniva da dietro la siepe!", "Sì veniva da più indietro.", "Qualche ragazzino avrà voluto fare uno scherzo, si è nascosto dietro la siepe e ha detto il potete contargli anche i peli del cazzo poi vi ha pure ruttato.".

Sbirrolino si mette a correre fin dietro la siepe, vede dei ragazzini in lontananza che giocano a pallone, si avvicina di corsa seguito a distanza dal collega, si vede che si agita e i ragazzini scuotono le spalle dicendo che non sono stati loro, indicano degli anziani lì vicino che confermano che sono sempre stati lì.

Si sente la sirena dell'auto di Sbirrolino accendersi, un baccano infernale, torna di corsa incazzatissimo, la spegne tra le risate generali.

"Ve la faccio pagare a tutti. Sali su!", urla al collega.

Il collega alla guida con lui a fianco partono sgommando, arrivano all'incrocio e sta passando un furgone, frenano bruscamente sul ghiaino finendo col muso dell'auto fuori dalla riga dello stop, il furgone frena bruscamente e l'autista li manda affanculo.

Loro scendono, in risposta cominciano a chiedere i documenti e a perquisire il furgonee.

Ora Sbirrolino ha qualcun altro con cui cercare di far valere la sua autorità, che penso non avrà mai finché si comporta con arroganza ed è estraneo all'ambiente in cui lavora.

IL COMMERCIANTE DI STOFFE

C'era in paese un commerciante di stoffe, alto, longilineo, aveva i capelli brizzolati pettinati all'indietro con la brillantina e il baffo brizzolato, sempre vestito elegante, con completi grigi a quadri in tessuto Principe di Galles, camicia di solito bianca e con la cravatta a disegnini sul giallo o sul rosso, d'inverno aveva vestiti simili ma in stoffa più pesante e tra la camicia e la giacca spuntava un pullover con collo a V abbinato al colore della cravatta, se era gialla il maglione era giallo, se era rossa era rosso.

Il suo era un ampio negozio, con le pareti interamente occupate da alte scaffalature in legno rossiccio che sembrava il legno di un veliero, erano scaffalature piene di variopinte stoffe, il bancone in legno identico alle scaffalature era di fronte all'entrata davanti alla zona dove c'era una serie infinita di cassettini in legno, col pomello color ottone e con attaccata ad ognuno una piccola etichetta in cartoncino con delle lettere e dei numeri incomprensibili, che solo lui capiva.

Delle volte passavo per prendere qualcosa per mia nonna o mia mamma, magari 4 bottoni uguali a quello che mi davano da mostrare, o del filo che avevano finito di una certa tonalità, di cui avevo un pezzetto.

Lui inforcava gli occhiali per vedere da vicino, prendeva con fare sapiente il pezzetto di filo, lo osservava con cura, come un chirurgo analizza la parte dove deve operare, poi si voltava e apriva un cassettino a colpo sicuro, tirava fuori le spagnolette dello stesso colore e tonalità, e tra quelle tonalità che a me sembravano tutte uguali lui ne sceglieva una che lui sapeva che era solo lei quella giusta, ecco che ti porgeva una spagnoletta di filo identico, non cambiava di una minima sfumatura, potevi farlo analizzare anche dalla Nasa ed era un filo identico a quello che avevi fatto vedere, solo quello era veramente il tuo colore e solo lui sapeva tirarlo fuori dall'interno di quella specie di negozio-veliero, quei magici cassettini in legno rossiccio sembrava contenessero tutti i colori dell'universo, e lui era l'esperto capitano che navigava tra i colori di ogni arcobaleno possibile in tutte le galassie per porgerti qualsiasi colore desideravi.

Il denaro non lo toccava, non lo riguardava, si doveva andare alla fine del bancone in cui c'era uno stretto e alto registratore di cassa in metallo nero, dietro c'era nascosta una donna piccola e magra, sempre silenziosa che neanche ti accorgevi ci fosse, era sua moglie, lui le diceva: "Batti 200.", lei batteva sulla tastiera del registratore di cassa, dei numeri bianchi in cima al registratore indicavano 200, "200 lire." diceva lei, le davi la moneta da 200 e lei diceva: "Grazie e arrivederci.", porgendoti uno scontrino con su scritto "200 lire. Grazie e arrivederci", non l'ho mai sentita dire altre parole che non fossero quelle poi ripetute sullo scontrino, sembrava sotto effetto di stupefacenti con lo sguardo dilatato nell'ammirare quel suo marito che pareva la sola ragione di vita che aveva, si annullava nell'ammirazione del marito, penso che il registratore di cassa fosse una scusa non essendo ancora obbligatorio non ce l'aveva quasi nessuno, serviva solo per la contabilità interna, ma essendo solo loro due, non essendo un negozio con decine di commessi, pareva solo una scusa per stare vicina al marito anche durante il giorno, potendo così guardarlo continuamente, ammirata e ammutolita.

Nel mentre uscivi lui ti salutava con un "Arrivederci." accompagnato da un discreto sorriso e da un piccolo svelto gesto della mano, che sfiorava la fronte e si dirigeva verso la tua direzione, come a simulare che si toglieva un cappello che non aveva in tuo onore mentre uscivi dal negozio.

Anche quando entravo, nonostante fossi un ragazzino spesso spettinato, vestito male e di frequente ero accompagnato da un paio di amici teppisti che già fumavano, rubavano motorini e giravano col coltello in tasca, lui ugualmente quando entravamo ci salutava con un cordiale "Buongiorno, in che modo posso soddisfarvi?". Finché percepì di risposta un sussurrato troppo forte "Puoi ciucciarci il cazzo." da un mio amico, così gli fece modificare la frase di saluto limitandola a un secco "Buongiorno.", e spariva anche la cordialità quando ci vedeva.

Pochi anni dopo suo figlio si mise a spendere per fare la bella vita, macchine sempre nuove, giocava d'azzardo, sniffava e faceva debiti in giro, lui iniziò a pagare i debiti che faceva il figlio, nel frattempo la gente aveva iniziato ad andare meno dai sarti e si compravano vestiti già confezionati, gli affari calavano, finché non fallì, e il figlio visto che i soldi erano finiti se ne andò all'estero.

La moglie ammiratrice si ammalò e lui per guadagnare qualcosa si mise a vendere i bottoni e il filo da cucire davanti all'ingresso della palazzina dove abitava, con un tavolino minuscolo da picnic, sembrava da lontano un bambino che si era messo a vendere i giornalini di fumetti, ma avvicinandoti notavi che era un bambino ultrasessantenne col vestito e la cravatta, con sul tavolino qualche bottone, delle multicolori spagnolette di filo e alcune scatoline d'aghi; d'inverno col freddo si metteva dentro nell'androne interno, sotto le scale, per cui se andavi a trovare qualcuno nella palazzina quando iniziavi a far le scale per salire sentivi: "Mi scusi, mi scusi.". Guardavi da dove proveniva la voce e vedevi la sua testa ormai canuta sporsi da sotto le scale, tra i manubri e le selle delle biciclette degli inquilini. "Buongiorno, mi scusi se la disturbo, se ha bisogno di materiale per cucire ho dei prezzi vantaggiosi."

Rispondevo: "No, grazie, non mi serve.", qualche volta scendendo dicevo mi sono ricordato che mi serve una spagnoletta di filo bianco o blu e la portavo a casa a mia mamma, anche se ne aveva già, era tanto per lasciargli qualcosa.

Dopo un po' morì la moglie, cominciò a farsi vedere vestito male con una faccia depressa, sembrava un senzatetto della stazione, era lei l'artefice della sua eleganza e quella che gli dava l'energia per combattere anche nei momenti più difficili.

Alcuni mesi dopo notai che quando scendevi dalle scale non si ricordava più di averti già visto, ripeteva da capo quanto ti aveva detto prima; da lì a poco non lo vidi più, mi dissero che gli avevano diagnosticato la demenza senile e lo avevano portato nell'ospizio dei poveri, quello dove l'odore di piscio si sente già dalla strada.

Ora al posto del suo negozio c'è una gelateria con gli interni blu e dei banali disegni di personaggi dei cartoon sui muri, per rallegrare i bambini teledipendenti; prevalgono i prodotti industriali preconfezionati e pervade il desiderio di essere uguali agli altri, anche quando ci si veste; perciò credo che fosse più importante di quel che si crede quel qualcosa che abbiamo perso, tra i sottoscala e gli ospizi dimenticati, mentre ogni veliero dell'immaginazione è svanito per sempre, immerso tra gli infiniti colori possibili nell'universo.

IGIENE PRECARIA

In quel periodo lavoravo con una ditta che consegnava e installava i registratori di cassa nei locali commerciali, dovevo passarci le giornate nei locali, vedendone molti mi sono accorto che in certi casi l'igiene lascia a desiderare.

C'era un bar frequentato perché faceva i toast molto buoni con dentro i carciofini, la proprietaria sempre indaffarata e sudaticcia, avrà avuto 50 anni con i capelli lunghi unticci e tinti neri, era sempre in canottiera ma aveva il vizio che si grattava spesso sotto le ascelle mentre preparava i toast, prendeva i carciofini sott'olio a mani nude, li metteva nei toast, poi un'altra grattata e via un nuovo toast; forse era quello il segreto del suo successo, le ascelle al carciofino e i toast all'ascella.

In una pizzeria c'era una sempre vestita con i lustrini e i capelli biondi ricci, che teneva continuamente il cane in braccio, anche quando preparava le pizze le faceva tenendo il cane sottobraccio, ogni tanto qualcuno si lamentava che aveva trovato un pelo di cane nella pizza, ma lei di solito rispondeva che probabilmente ce l'aveva addosso lui e mentre mangiava era caduto sulla pizza, che il

suo cane non perde il pelo, che lei era pulitis-
sima quando faceva le pizze, ecc ecc.

Un'altra molto vecchia, avrà avuto ottant'anni
e aveva un figlio invalido perciò per mante-
nerlo continuava a lavorare nonostante l'età
da pensione in un chiosco, in cui vendeva bi-
bite e dolciumi ai ragazzini, però aveva l'abitudine di pettinarsi con forza raschiando il
cuoio capelluto, lo faceva anche mentre le
parlavi e sempre stando al bancone, piegando
la testa sopra un vassoio di bomboloni zuc-
cherati che non aveva il coperchio, pertanto
vedevi le scaglie gigantesche di forfora che
cadevano come grossi fiocchi di neve sui
bomboloni e non si vedevano più tra lo zucchero, poi entrava qualche ragazzino e se ne
prendeva uno mangiandoselo con gusto, allo
zucchero forforato.

In un altro bar sulla statale frequentato da
vecchi alcolizzati e turisti di passaggio facevano la frittura mista, pesce fritto da accompagnare col vino bianco, ma lo lasciavano
scoperto sul bancone per cui controluce vedevi che i vecchi clienti ubriachi e sdentati
parlavano e urlavano tra loro sputacchiandoci
alla grande sopra anche i pezzi di pesce che
avevano impigliati tra i pochi denti, poi arrivava qualche coppia di turisti e vedevi la si-

gnora elegante un po' schifata dall'ambiente che con il fazzolettino di carta se ne prendeva delicatamente uno e se lo mangiava con aria snob.

Io evitavo, ma una volta è capitato anche a me un episodio inquietante, avevo una fame tremenda e sono entrato in un baraccio-pizzeria sozzissimo in cui passavo spesso, c'erano dei pesciolini cotti a mollo in una terrina trasparente piena d'aceto, erano lì da mesi, forse da anni, avevano perso l'aspetto del pesce con i pezzi che iniziavano a staccarsi, aspettavo la pizza che tardava e allora in un impeto di fame mi sono fatto dare un pesce a mollo, appena addentato mi si è versato in bocca una quantità enorme d'aceto marcio che aveva assorbito, mi ha fatto passare immediatamente la fame, la pizza l'ho mangiata a stento, dopo poco ho vomitato tutto e di più, per quasi una settimana ho avuto nausea e lo stomaco a pezzi.

Erano pesci putrefatti appartenenti a un'altra era geologica, da esporre al museo e non in un bar.

L'ARREDO DEL PRETE

Lavoravo in una ditta, mi avevano chiesto di andare da un prete che gestiva un ospizio perché aveva detto che gli serviva del materiale d'arredamento, ma forse aveva cambiato idea, dovevo solo sentire cosa aveva deciso, però ogni volta che andavo veniva fuori qualcuno a dirmi che non c'era, poi magari mentre salivo in macchina lo vedevo in lontananza passare, faceva lo stronzo per scaricarmi quel prete di merda, invece di dire semplicemente che aveva cambiato idea e non interessava più, faceva in modo vigliaccamente di stancarmi così che non andassi più, era una comportamento che capitava con certi stupidi che facevano perdere un sacco di tempo con queste loro stronzate; come non bastasse quando tornavo in ditta mi rimproveravano perché non ero ancora riuscito a parlarci col prete del cazzo.

Un giorno sono ripassato per l'ennesima volta per sentire e ancora mi fa dire che non c'è, mi sono girati i coglioni, sono andato via in macchina, ma tre case dopo l'ospizio l'ho posteggiata nascosta in un vicolo, mi sono messo una giacca che avevo su in macchina, ho preso un giornale e a piedi sono entrato dal retro nel parco dell'ospizio, mi sono messo sulle panchine del parco interno alla casa di riposo insieme ai vecchi, a leggere il giornale.

Col giornale sul viso e la giacca sembravo uno dei vecchi, ho fatto anche un piccolo strappo in mezzo alle due metà del giornale per vedere meglio la canonica dove abitava il pretaccio, così lo tenevo d'occhio.

Però intanto i vecchi hanno cominciato a farmi domande su chi ero, ho detto che stavo aspettando mia mamma che era andata a far visita a un mio parente bloccato a letto, i vecchi insistevano a chiedermi come si chiamava il parente, dissi Mario.

"Ma Mario è morto tre settimane fa." mi dice uno.

Gli dico: "Mario è come lo chiamiamo noi in famiglia, il suo nome come lo chiamano gli altri è Antonio detto Toni, Tonino o anche Nino." sparando a caso nomi e sperando di beccarne almeno uno.

Mi fa: "Non c'è nessuno con quel nome che sappia, forse quei due nuovi che hanno portato ieri."

"Sì l'hanno portato proprio ieri."

"Ah ho capito." dice il vecchio rimettendosi tranquillo, ma salta su un'altro:

113

"Ma quelli nuovi uno si chiama Giuseppe e l'altra è una donna, Maria.".

Rompicoglioni fottuto penso e dico:

"Bravo, esatto, Giuseppe è il suo primo nome, nei documenti primo nome è Giuseppe, Giuseppe Antonio Mario, ha tre nomi, come tutti una volta avevano più nomi, anche voi penso che abbiate più di un nome.".

Allora si entusiasmano a dirmi come si chiamano e i nomi che hanno, chi tre chi quattro, il vecchio rompicoglioni fottuto risponde schifato: "Io ne ho solo uno, Aldo, non servono a niente tanti nomi, sono contento di averne solo uno.".

Lo guardo malamente come per dirgli quanto sei testa di minchia, evidentemente percepiscono tutti di avermi rotto i coglioni e cala il silenzio, tornano alla loro solita occupazione che è stare col capo chinato a guardare il ghiaino del parco fino all'ora di cena, i più vivaci lo spostano col bastone così cambia aspetto.

Mi ricordo che avevo letto un articolo sulle scimmie in gabbia allo zoo, e si sono accorti che mettendo del ghiaino multicolore si stressavano meno guardandolo e giocandoci; questi vecchi qua in pratica sono come vecchi scimpanzé in gabbia; mi intristisco a pensare come si finisce.

Ma il prete merdoso mi fa passare subito la tristezza, lo vedo tra il giornale che sta venendo dalla canonica verso l'ospizio, sto fermo immobile come un ghepardo in attesa della preda, quando è a una decina di metri, di scatto piego il giornale e mi alzo, andando verso di lui.

Si blocca un attimo stupefatto, poi continua a camminare cercando di fare l'indifferente, io gli vado incontro.

"Buongiorno, ero passato più volte per sentire dell'arredamento, se ha deciso di prenderlo."

"Sia lodato Gesù Cristo; ho fretta devo andare a Messa." mi risponde.

"Mi basta solo che mi dica se sì o no."

"Ripassi domani pomeriggio in canonica che le do la risposta." mi dice fuggendo lesto.

Merda d'un prete, ancora a rimandare, tanto so benissimo che non prende niente, sono tutte scuse perché ha trovato qualcun altro e allora invece di dirlo usa quella tattica democristiana del cazzo; me ne torno pensando ciò.

Il giorno dopo passo in canonica e ovviamente non c'è, mi dicono di passare il giorno dopo, il giorno dopo stesso discorso con la variante di passare verso sera.

Passo verso sera, c'è la canonica aperta e mi siedo in una saletta d'aspetto ma dopo più di un'ora non si vede, mi viene da pisciare e non c'è un cesso, sul piazzale davanti non si può poiché ci sono delle donne che stanno parlando sulla panchina, dietro la porta d'ingresso c'è un portaombrelli, accosto la porta un po' e nascosto dietro piscio nel portaombrelli, mentre piscio noto un cartello con scritto per contattarlo per cerimonie col telefono, il maledetto pretaccio insulso ce l'ha il telefono quando è ora di pigliare i soldi.

Me lo scrivo su un pezzo di carta e me ne vado.

Il giorno dopo verso l'ora di pranzo gli telefono, mi risponde la perpetua, io facendo una una voce strana con la bocca a culo di gallina, gli dico tutto mellifluo: "Sia lodato Gesù Cristo signora, desidererei conferire col reverendo padre per una comunicazione urgentissima.".

Lei sentendo una voce e un parlare simile credeva forse un altro prete o il vescovo, sento che corre subito a chiamarlo dicendo che è urgentissimo, arriva lui trafelato.

Al suo Pronto rispondo con voce tonante:

"Sono un delegato della ditta Arredi e uffici, il nostro incaricato doveva passare ieri per l'ordinazione di arredamento ma a causa di un'indisposizione non è potuto passare, il materiale glielo spediamo per domani.".

Lui: "No, non ho ordinato, non mi serve niente, è meglio che non tenga arredi belli perché mi danneggiano tutto, anche stamattina ho trovato che ieri qualche zingaro di passaggio ha fatto dei bisogni nel portaombrelli del salottino."

"Allora non dobbiamo più dire all'incaricato che passi?"

"No, no chiamerò io se avrò necessità.".

Eureka, mi ero liberato del prete, riferisco ai titolari che ha il telefono e chiama lui se ci ripensa, che per il momento non ordina niente.

Penso a quanto testa di cazzo sia, quanto tempo mi ha fatto perdere e la lotta per fargli dire una semplice risposta sincera; che schifo di personaggio e che soddisfazione non doverci più passare.

PETTING

Conoscevo una ragazza da quando eravamo alle scuole, lei era carina ma molto religiosa mentre io non lo ero, per cui non c'era sintonia, in più aveva già un fidanzato, poi andò ad abitare lontano con lui e siamo rimasti amici, ci sentivamo al telefono ogni tanto.

Dopo anni venne lasciata dal suo fidanzato, cercava un altro e cominciò a telefonarmi quasi tutti i giorni per chiedermi consigli su questo o quello, frequentava una chat a cui io non accedevo essendo senza computer, mi spiegava i tipi che aveva conosciuto chiedendomi dei pareri su con chi sarebbe stato meglio uscire; io mi ero autoescluso, oltre che per la mentalità diversa e la distanza, anche perché mi aveva mandato delle foto sul cellulare e non mi attirava, era peggiorata molto fisicamente.

Ogni volta le dicevo più o meno le stesse cose, di provare a conoscerli bene prima, di cercare di vedere come sono.

Allora li incontrava su mio consiglio al sicuro in un bar, poi ogni volta mi diceva che era andata in macchina col tipo a fare un giro, aveva fatto solo un po' di petting e stabilito che non le piaceva molto.

A me lasciava perplesso il fatto che da uno sconosciuto si facesse baciare, se tra l'altro non le piaceva, ma non le dicevo niente sapendo che stava passando un brutto periodo ed era molto suscettibile sull'argomento per il retaggio religioso che aveva, non volevo farla sentire in colpa e deprimerla.

Continuò così a lungo, ne incontrò decine, sempre petting e non le piacevano.

Un giorno infine le chiesi : "Ma se non ti piacciono perché ci fai sto petting? Che poi petting è un termine che non usa più nessuno, ma mi pareva comprendesse baci con lingua e palpeggiamento.".

Lei: "Per conoscerli meglio vado in macchina, poi parlando finisce che ci baciamo e tocchiamo un poco, e mi accorgo che non mi piacciono. Capiscono che sono una seria, non gliela do subito."

"Fai bene a fare così, a non avere rapporti completi e vedere se ci tengono a te, per avere una storia duratura."

"Sì, mi comporto seriamente, ci baciamo con la lingua, ci tocchiamo poi io lo bacio un po' più giù."

"Più giù?"

"Si, ci abbassiamo i pantaloni, mi tocca e io lo bacio."

119

"Lui ti sditalina e tu lo baci ancora in bocca dici?"

"No sul coso suo."

"Gli baci il cazzo?"

"Lo bacio solo, non lo metto in bocca, lo lecco un po' sulla punta."

"Cazzo! Gli lecchi la cappella, che petting del cazzo è? Mai sentito che nel petting si lecca il cappellotto! E che è? E' come fosse un cono gelato della minchia, assaggi il gusto e non ti piace?".

Lei imbarazzata: "Secondo te ho fatto male?"

"Ma no, hai fatto bene, almeno non vanno a casa depressi ma avranno un buon ricordo."

"Secondo te ho fatto la figura di quella poco seria?"

"Ma lascia perdere, che al giorno d'oggi le ragazze lo succhiano e si fanno infilare in ogni pertugio dagli sconosciuti, sei fin troppo seria.".

Rincuorata nel tono della voce: "Sì, io mica gliel'ho data, sono andati via quando capivano che non volevo avere rapporti completi e non si sono più fatti sentire."

"Quindi non sono spariti perché non vi piacevate ma perché non gliela mollavi, in pratica erano venuti solo per trombare, volevano usarti per quello."

"Sì, quando hanno capito che sono una ragazza seria se ne sono andati e non li ho più sentiti.".

Pensai: Sono andati via però con la cappella lucidata a nuovo, potevi asciugargliela con la pelle di daino già che c'eri.

Ma per non mortificarla le dissi: "Prova a selezionarli meglio prima e non dare appuntamento a tutti quelli che te lo chiedono, cerca di dirglielo prima che non sei una che la dà subito, che cerchi una storia seria.".

Cominciò ad avere meno appuntamenti e dopo circa un mese mi disse che aveva trovato uno con cui continuava a vedersi, che la capiva e sapeva aspettare prima di avere un rapporto sessuale completo.

Dissi: "Posso darti un consiglio: succhiaglielo e menaglielo finché viene, non mandarlo a casa con le palle piene e la cappella lustrata a nuovo, che non si rompa i coglioni prima del tempo."

"Hai ragione, domani lo vedo e lo succhio invece di fare solo con la lingua."

"Brava, ora poi che hai capito che lui ti piace e anche il gusto ti aggrada.".

Ci siamo messi a ridere.

Loro sono andati a vivere insieme.

Mentre io più passano gli anni e più mi rendo conto che non c'è niente da capire.

UNA GIORNATA SPENSIERATA

Lunedì di settembre, mi alzo che è tardi, sono le 10 passate, mi lavo e mi vesto, mangio qualcosa, carico il cane in auto e passo a prendere il quotidiano da leggere, è pieno di gente il negozio, mi tocca aspettare per il giornale, alla fine riesco a prenderlo.

Salgo in auto e decido di fare un giro al mare, arrivo, ci sono ancora gli stabilimenti aperti che spaccano il cazzo se entro col cane, vado in quello più isolato e meno frequentato, scendo e c'è un altro cane libero che litiga col mio, allora carico il cane e vado più avanti ancora, dove c'è la pineta.

Penso di attraversare la pineta e andare nella spiaggia libera.

Prendo lo zaino, ci metto dentro un un paio di bottiglie d'acqua, dei cracker, asciugamani, telo spiaggia, il giornale e col cane a seguito m'incammino, ma il sentiero è strettissimo, lungo, non finisce mai, sembra d'essere in montagna con saliscendi e tronchi di pino che ostruiscono la strada, nel mentre mi viene in mente che proprio in quella zona a uno gli è caduta addosso una vipera da un ramo e l'ha morso al collo, l'hanno portato in ospedale e si è salvato per un pelo pubico, mi viene immediatamente la paranoia delle vipere, che ce ne siano, allora mi prendo un ramo da terra da usare come bastone per battere sul terreno che si percorre, ma becco un ramo pieno di merda verde che m'insozza una mano.

Dopo parecchi minuti arrivo alle dune dove finisce la pineta e si accede alla spiaggia, il cane non c'è più dietro di me, torno indietro e lo trovo fermo, pieno di spini che non riesce a camminare e si lamenta, glieli tolgo con pazienza bucandomi varie volte le mani.

Prendo il cane in braccio e faccio la strada che rimane, intanto mi viene la nuova paranoia di prendermi delle infezioni con le mani sporche bucate dagli spini.

Arrivo in spiaggia libera, piena di rifiuti, vado in acqua a sciacquarmi, torno e noto diverse vespe che svolazzano tra i rifiuti, mi tolgo i calzoni e resto con i boxer arancioni, mi siedo su un tronco a leggere il giornale, ma sento un brusio incredibile, che aumenta, cazzo!

Le vespe sono attirate dall'arancione, mi vengono vicino, si appoggiano sui boxer. Le scaccio col giornale arrotolato ma si incazzano, tornano indietro minacciose, corro verso l'acqua, mi fermo sul bagnasciuga, le vespe rimangono lontane, ma ora è pieno di tafani, che cominciano a volare attorno, ad appoggiarsi, a pungere. Vado più avanti in mezzo all'acqua su di un'isoletta formata dal mare, sto qualche minuto tranquillo.

Però vedo uno fermo dove ho lasciato zaino e calzoni, torno velocemente a vedere correndo indietro, lui intanto si allontana, controllo e non manca niente. Ritornano le vespe e qualche tafano.

Mi viene da urinare, c'è gente che passa, allora vado verso le dune vicino a un cespuglio, me lo tiro fuori e comincio a pisciare verso un grosso tronco marrone, ma vedo che si muove! Scopro che è un culturista superabbronzato che stava immobile a prendere il sole steso tra le dune, faccio l'indifferente pisciando verso l'altra direzione mentre sento che brontolando si alza e si allontana, noto che sarà un metro e sessanta di altezza per un quintale di peso, pelato, color marrone noce nazionale, e gli avanza di protestare se uno lo scambia per un tronco e gli piscia contro.

Torno alla mia postazione dove c'è il cane, si lamenta, i tafani beccano, le vespe ronzano ancora intorno.

Non ne posso più, decido di tornare a casa. Mi rivesto.

Appoggio il giornale ma quasi subito una fo-
lata di vento me lo sparpaglia per la spiaggia,
inseguo i vari pezzi inseguito dalle vespe, riesco a recuperarlo, velocemente prendo zaino
e col cane in braccio ritorno, ma passate le
dune non trovo più il sentiero nella pineta da
cui ero uscito, prendo a caso, però mi accorgo
che non è la strada fatta, trovo una megacaga-
ta sul passaggio, la salto in lungo, ma ce n'è
un'altra dopo, poi altre, ho preso la strada
delle merde, facendo l'ennesimo salto in lungo della cagata con zaino e cane in braccio
poggio male un piede e ho una storta alla ca-
viglia, dolorante prendo un altro sentiero che
mi pare possa essere più breve, invece peg-
gioro la situazione, me ne accorgo dopo poco
che sto facendo un giro larghissimo, dopo un
paio di chilometri di sali e scendi , rami, rovi,
tronchi da scavalcare, cane in braccio, sento
finalmente che passano delle macchine, c'è la
strada su cui ho parcheggiato, sbuco, ma sono
quasi un chilometro più avanti.
Allora torno indietro sotto il sole, metto giù il
cane che sono stanco a tenerlo in braccio ma
va subito a finire in mezzo alla strada, lo riprendo, gli ordino di tenermi dietro, la fa per
qualche metro poi rimane indietro, allora torno sui miei passi a riprenderlo, il sole è quel-

lo di mezzogiorno, picchia forte, col cane in braccio faccio le centinaia di metri che mancano alla macchina, passano macchine e mi guardano, uno fa i fanali, di lì a poco anche un'altro, che cazzo vogliono mi domando, poco dopo capisco che cazzo è la parola giusta, mi ricordo che qualche chilometro più avanti c'è una zona di ritrovo per gli omosessuali, vedendomi col cane bianco, piccolo e peloso che ho ereditato da mia mamma in braccio, e camminando sulla strada che sembra provenga da quella zona mi pigliano per un gay in cerca d'incontri, ma vedendo che non rispondo e non devo neanche avere un aspetto amichevole con i coglioni girati che ho, capiscono che aria tira e quindi proseguono.

Arrivo finalmente alla macchina che avevo parcheggiato all'ombra, ma il sole ha girato ed è rimasta sotto il sole, apro le portiere e una sbuffata d'aria infuocata m'investe, sembra un forno, apro tutti i finestrini non avendo l'aria condizionata, il cane si nasconde sotto la macchina, ha caldo e non vuole venire fuori anche se lo chiamo, mi chino per tirarlo fuori, passa una macchina di gay che vede il culo a 90 gradi con i calzoncini corti e mi suona, mi tiro su infuriato con i muscoli in tiro, loro in macchina hanno rallentato, guardano, vedono che sono arrabbiatissimo e accelerano subito andandosene. Finalmente recupero il cane, lo metto in macchina e parto, comincia ad ansimare dal caldo, allora accelero per rinfrescare l'auto ma due curve dopo freno di colpo che per poco non mi ammazzo, ho intravisto il furgoncino con l'autovelox dei vigili che è lì nascosto, stavo per beccarlo, passo davanti e mi guardano storto avendo sentito la frenata, forse vedono lo sguardo da pazzo assassino con cui li ricambio e non fiatano, non mi fermano, si voltano.

Proseguo e arrivo al mio paese, mi fermo per aprire manualmente il vecchio cancello di casa, così mi schiaccio un dito con la leva d'apertura.

Passa in quel momento un conoscente in bicicletta e mi dice: "Tu sì che stai bene, ti diverti dalla mattina alla sera.".

Gli vomito una valanga di bestemmie e offese che lo fanno proseguire veloce e perplesso.

VINCERE

Alla mattina al mare sono seduto sul muretto che divide la pista ciclabile dalla spiaggia, sto leggendo il quotidiano con a fianco il mio cane, anche lui seduto sul muretto, si sta bene, un clima tiepido con un leggero vento e il sole di marzo scalda piacevolmente, senza esagerare, inondandomi con una sensazione di benessere.

Ma si sentono delle fastidiose urla da stadio provenienti da un lontano gruppo di ragazzi indaffarati sul spiaggia, misurano con un metro e dei pali, è da quando sono arrivato che sono lì, stanno facendo qualcosa che li esalta, si danno il cinque come hanno visto fare in televisione, urlano per caricarsi, ho la netta sensazione che siano la classica mandria di cretini.

Continuo a leggere; mentre loro, finito il lungo lavorio, se ne vanno verso delle tende lontane tra le dune di sabbia, vistosamente orgogliosi di quanto hanno fatto.

Dopo un po' vado a fare la solita passeggiata sulla spiaggia e passando davanti a dove operavano vedo che hanno fatto una scritta gigantesca a caratteri cubitali: VINCERE.

Ha lettere tutte uguali misurate, grandi circa tre metri l'una, sembra il titolo sensazionalistico di un giornale sportivo gigante.

Hanno perso del tempo per questa scritta del cazzo che m'irrita, mi dà fastidio questa diffusa mentalità in cui si adora il vincitore e si denigra lo sconfitto, il perdente, infatti perdente è diventata la peggiore offesa, fanno come hanno visto fare dagli americani in un imperialismo culturale importato tramite la televisione e il cinema che devasta i cervelli più deboli; a ogni modo a me d'istinto i vincenti fan cagare, mi sono più simpatici i perdenti, tendo naturalmente a parteggiare per loro.

Noto un bastone grosso e robusto portato dal mare, lo prendo e incido profondamente sotto la loro scritta scrivendo in grande ma con caratteri minuscoli, la mia è una scritta sbilenca e casuale come la vita reale, guardo il risultato, mi piace, si adatta perfettamente: VINCERE una merda.

Il cane come se avesse capito piscia alla base della I di VINCERE.

Ci allontaniamo.

Al ritorno vedo da lontano che ci sono gli stronzi che l'avevano scritta, guardo in giro e c'è un gigantesco albero secco portato dal mare, controllo e trovo un ramo che va bene, facendo leva col piede lo spezzo, lo separo lasciando che termini a punta, lo picchio forte contro il tronco dell'albero, perfetto, duro come l'acciaio e leggero, provo anche la punta piantandola con forza nel legno del tronco, apre la corteccia conficcandosi, eccellente.

Proseguo tranquillamente col nuovo bastone in mano.

Gli stronzi vedo che indicano nella mia direzione, continuo a camminare, vedendomi meglio mentre mi avvicino se ne vanno.

Arrivo alla scritta e non ci sono più, c'è solo una coppietta che stava passeggiando che si ferma un attimo a leggere e si allontana ridendo di gusto.

Con il bastone metto il punto alla fine della scritta: VINCERE una merda.

Col punto, non c'è altro da dire.

Getto il bastone nel mare, lontano, tra le onde.

Insieme all'amico cane mi allontano.

COME ACQUISTARE UN'AUTO NUOVA CON POCHI SOLDI

Macchine usate da pochi soldi, tristemente abbandonate sul prato fuori dalla concessionaria, non le mettono neanche dentro la notte, aspettano un poveraccio o andranno all'autodemolizione, io e alcuni stranieri le guardiamo con desiderio, apriamo le porte, ci sediamo per sentire il sedile se è sfondato, proviamo il volante per sentire le condizioni della scatola dello sterzo, proviamo la pedaliera, il cambio, scendiamo e controlliamo le gomme, apriamo il cofano e controlliamo i minimi particolari del vano motore.

E quando fiuti l'occasione devi precipitarti a comprarla perché altrimenti se la prende un altro, vince il più furbo ed esperto, ma io in questo campo non penso proprio di avere rivali, tanta esperienza e molto intuito mi permettono di essere di una bravura inarrivabile.

Ho preso una Volkswagen blu da mille euro, 180.000 km raggiunti da poco, unico proprietario, perfette condizioni meccaniche (la cosa più importante), un po' rovinata di carrozzeria, aria condizionata manco col cazzo, vetri elettrici idem, ma è bellissima col suo fascino vintage e alla guida si prova una sensazione di benessere perché sembra di averlo messo in culo al sistema capitalistico, anche se è stata una scelta obbligata, ma sicuramente mi piace la mia nuova auto vecchia, poi cosa vuoi che ti diano con mille euro, ho fatto il tagliando e cambiato la batteria (cosa consigliata su un auto vecchia e ferma da tempo), incredibilmente funziona tutto e c'è pure lo stereo, ma è rotto.

Davanti al supermarket hard discount mi ha salutato un africano gigantesco sui due metri, l'ho salutato e dopo mi sono ricordato, era insieme a me che cercava un auto da pochi soldi, ho visto che saliva con la borsa della spesa su una Ford Fiesta terz'ultimo modello bella e perfetta di carrozzeria, mentre passava ho sentito che funzionava la sua autoradio, si sentiva con i vetri chiusi, ho l'impressione che la sua abbia anche il climatizzatore e funzionante, passando mi ha salutato nuovamente ridendo.

Ride tanto, penso che l'abbia pure pagata meno della mia.

FINZIONI SOVRAPPESO

Vorrei fare un appello alle amiche grassone, ciccione, obese, in carne, balene, balenottere e sovrappeso varie che ho nelle amicizie dei social network.

Fatevi vedere, non vergognatevi di voi stesse, non mettete come foto del profilo una qualche fotomodella o una foto astratta o se mettete una vostra foto è del 1898 perché è l'ultimo periodo in cui eravate ancora snelle.

Se non vi accettate voi figuratevi gli altri, inoltre sembrate delle false, complessate e cerebrolese nascondendovi così.

Una volta anni fa avevo visto in tv il caso di una grassa sposata di mezza età, aveva trovato in chat un ventenne facendogli vedere le foto di quando era magra e giovane, poi si sono dati appuntamento per incontrarsi, lei abitava in montagna così lui è andato a trovarla, ma hanno ritrovato lei che era stata scaraventata giù dall'auto in corsa lungo i tornanti e aveva sbattuto la testa contro la parete in pietre a lato della strada; l'avevano portata in ospedale e fingeva di non ricordarsi perché si trovava in macchina col tipo e perché l'ha gettata fuori dalla portiera; allora parlavano di rapimento, che l'avessero drogata e astrusità varie quando invece la ragione era lampante: gli aveva cagato il cazzo facendolo infuriare con la truffa che aveva organizzato

Ovviamente la reazione del tipo è da deprecare, ma se fingi in quel modo coinvolgendo uno sconosciuto dal lato sessuale/affettivo poi non sai la reazione che avrà quello, se trovi il tipo che non sa controllarsi rischi di fare una brutta fine.

Se una si accetta trova meglio quello che la accetta e la apprezza.

Per quanto strano possa sembrare ci sono uomini attratti dalle ciccione, molti nordafricani e quasi tutti i neri africani amano la donna grossa, ma anche tanti italiani, ne conoscevo di amici che tra una magra e una più grossa preferivano quella più formosa. Alcuni si sono sposate delle grosse.

Avevo un compagno di banco che aveva i baffi a manubrio già a 14 anni e poi ha mollato la scuola per fare il camionista, ricordo più grosso le ragazze avevano il culo e più gli piacevano.

Un altro bassino e magrolino aveva una Citroen Dyane come automobile, era un'auto del periodo superammortizzata, a lui arrapavano le bisontesse, ne aveva tre di amanti, una sugli 80 kg che assomigliava vagamente a Mara Venier, un'altra sul quintale abbondante tipo cantante lirica e un'altra che assomigliava al nemico di Zorro, al sergente Garcia, aveva persino i baffi e sarà stata 185 cm di altezza e oltre 150 kg di peso. Si vedeva da lontano quale delle tre aveva su in auto, secondo il grado di inclinazione del veicolo, con quella da un quintale e mezzo sembrava avesse rotto gli ammortizzatori dal lato passeggero, la macchina viaggiava inclinata con lui in alto e lei in basso, non so come facesse a non scivolare addosso a lei.

Però era contento e pure loro, tra l'altro si diceva che era piccoletto ma con un cazzo enorme e sempre in tiro, per cui anche se erano balene le arpionava al meglio.

Poi ci sono molti uomini timidi anche di bell'aspetto che vanno insieme e pure poi si sposano con quelle che prendono loro l'iniziativa, che sono più sicure di sé stesse, ne ho visti un paio di casi in cui ragazzi molto belli che sembravano fotomodelli si sono messi con delle grasse basse, una era pure antipatica insopportabile stronza.

Se una è sicura di sé e si presenta sincera ha probabilità di piacere, che poi un uomo in genere cerca essenzialmente una da trombare, da stare bene insieme e soprattutto che non gli rompa i coglioni, quindi i chili in più passano sovente in secondo piano se ci sono altre qualità.

Invece tante credono stupidamente di rendersi più attraenti legandosi il maglione alla vita per nascondere il culo oversize, magari si farebbero anche trombare col maglione legato sul culo; a esempio una volta sono andato con una che aveva un maniglione dell'amore, ma a me piaceva anche così, non mi attirano le obese ma a qualche chilo in più non ci bado, era bella di viso, abbastanza alta, non era male a parte il maniglione e neppure che fosse eccessivo, invece si faceva dei problemi, voleva nasconderlo anche quando si trombava, così ogni volta si faceva tirare su la gonna e togliere le mutande ma quando andavi per toglierle la gonna non voleva, la prima volta cercando di essere più gentile possibile le chiesi: "Ma che cazzo hai nel cervello, se ti ho appena tolto le mutande perché la gonna no?" "Perché non mi va.". Fu la sua risposta e notai che per distrarmi si buttò a succhiarmelo con foga.

Allora non insistei, pensai che se era contenta così peggio per lei, infatti dopo se si ritornava al bar o se la portavo a casa ogni volta aveva la gonna tutta sborracchiata, lei si togliva lo sperma finito sulla gonna con un fazzolettino di carta ma una parte era assorbita, si vedevano le macchie (a essere sincero facevo sovente apposta a venirci sopra, dicendo che quando ho un orgasmo non riesco a controllarmi e stronzate varie per controbattere le sue ipocrisie con uno scherzo, affinché la spingesse ad accettarsi).

Una volta siamo andati in pizzeria già trombati e mentre aspettavamo la pizza le dissi: "Stai bene con quelle perline ai capelli, prima mentre si trombava non le ho neanche notate, potevi fartele mettere anche dall'altro lato e metterne di più.". Lei rideva pensando scherzassi, poi dopo diversi minuti capì che parlavo seriamente, si toccò e si accorse che erano gocce di sperma secco attaccate ai capelli, erano regolari e in fila alla stessa altezza così sembravano proprio perline e tra l'altro le donavano, involontariamente avevo trovato un'idea originale per migliorarle il taglio dei capelli; andò in bagno a toglierle. Però poi smettemmo di frequentarci, m'infastidiva appunto la sua falsità su tutto, non si capiva mai che cazzo voleva e cosa pensava veramente; questo atteggiamento falso rompeva i coglioni ben più del maniglione dell'amore.

Credo che ognuno abbia il suo target, se si propone sinceramente non dà spazio a fraintendimenti ed è più facile che venga apprezzato per quello che è.

Senti e vedi persone a cui piacciono tipi che non penseresti mai, la gente è strana, pertanto l'essenziale è trovare la sintonia innanzitutto con sé stessi, dopo sarà più facile trovare una sintonia anche con un partner.

NOTTATE MISANTROPE

Sono pieno di sonno, vado a letto che c'è ancora luce.

Poi mi sveglierò in piena notte e andrò al bar a bere un caffè, ma il bar sarà già chiuso, però a me fregherà una sega poiché il caffè non mi piace; quindi tornerò a casa e mi farò un tè verde guardando la tv e ridendo con le pubblicità delle telefonate erotiche.

Quando l'effetto comico sarà scemato cercherò un qualche vecchio film o spegnerò e leggerò qualcosa ascoltando rock dalla radio o da qualche disco.

Alle prime luci dell'alba uscirò mentre il cane, il gatto e la tartaruga mi verranno incontro per farmi festa, darò loro da mangiare e annaffierò a lungo le piante attorno a casa.

In quel momento di solito sto bene, con l'aria fresca del mattino e nessuno all'orizzonte.

Poi mi collegherò a internet, e a chi mi chiederà dove sono stato per fare bella figura dirò sono stato a mignotte tutta la notte.

Mentre quando ci vado veramente dico che sono stato a casa, spesso non mi capisco bene nemmeno io, penso sia perché odio essere prevedibile o anche ancora di più odio chi vuole sapere i miei interessi e non si fa un pacchetto di cazzi suoi.

LOGORAZZISMO

D'estate mi metto quasi sempre le magliette polo, quelle di cotone traforato e col colletto. Si sta più freschi che con le magliette di cotone liscio, mi piace la forma che hanno, come mi stanno e poi mi sono abituato così.

Il problema è quel loghetto del cazzo che ci attaccano, se posso lo tolgo, mi prendo le forbicine da unghie e taglio i fili che tengono attaccato il logo; anche da ragazzino facevo così, ricordo una volta che mi avevano regalato una Lacoste col suo coccodrillo e l'ho tolto.

Quella che me l'aveva regalata mi disse: "Ma non ti metti mai la maglietta che ti ho regalato e assomiglia a quella lì."

"Ma è questa qui! Ho solo tolto il coccodrillo perché mi stava sul cazzo.".

Tilt mentale, occhi sbalorditi: "Ma come? Perché ti stava sul cazzo il coccodrillo? Ma se gli altri se la prendono apposta per averlo? Proprio non ti capisco, sei strano.".

E io: "Anch'io trovo strani e non capisco gli imbecilli che se non girano col marchio in vista stanno male.".

Ora ricamano i loghi che se li togli fai il buco nella polo, non si riesce quasi mai a toglierlo, devi girare col tuo marchietto. Ma girando ti accorgi che diventano simboli di appartenenza, servono per catalogarti, per creare caste umane.

Se hai un coccodrillo Lacoste sei visto bene dall'élite di sinistra, va bene per figli di buona famiglia, insegnanti, politici, giornalisti.

Se hai un alloro Fred Perry allora vai bene per l'élite rockettara, che si crede trasgressiva ed ama particolarmente il rock inglese, la birra, e il bancomat.

Se hai il giocatore di polo Ralph Lauren sei ok per sembrare un benestante, un po' filoamericano e anche a destra ti apprezzano.

E così via per i vari marchi che costano molto più della media, perché con i soldi per comprartene una di queste succitate te ne compri due o tre buone, di una marca sportiva meno prestigiosa; o anche 6 o 7 se come me vai a rovistare nel cesto delle offerte nei supermarket e durante le svendite.

Ne ho una col giocatore di polo originale Lauren che era vecchia e non andava più bene a un mio parente più grosso di me, voleva gettarla negli stracci, mi ha chiesto se la voglio, me la sono fatta dare e mi va perfetta, sembra fatta su misura, è di un colore giallino e non si nota che è scolorita.

A volte la metto e mi accorgo che se vado in un ufficio o in banca mi guardano con più benevolenza e stima di quando vado con una che ho preso dai cinesi senza marchio; anche loro impiegati hanno quasi sempre un marchio prestigioso in evidenza sulla camicia, sul maglioncino e sulla polo, pensano di essere più prestigiosi così, invece a me sembrano più stronzi di quel che sono.

In certi ambienti sono proprio maniaci, guardano subito il marchio per classificarti col loro logorazzismo.

Un periodo andavo spesso per lavoro in un ufficio che sotto aveva un negozio di abbigliamento di marche di lusso, aveva i prezzi più alti di ogni altro negozio d'abbigliamento che ci fosse, una camicia costava minimo sui 200 euro, un paio di calzoni idem, le polo erano a 150 euro o più, avevano marchi che manco li conoscevo, Kenzo ricordo, ed era uno di quelli che costavano meno. Pure nell'ufficio di sopra in cui andavo erano maniaci del vestire firmato, tutti marchiati Dolce e Gabbana, Armani, o andavano al negozio di abbigliamento lussuoso sotto a prendersi da vestire.

In quel periodo mi ero preso tre polo per 5 euro cadauna al mercato, erano fatte bene ma avevano scritto una stronzata come marchio, orso profeta c'era scritto, quando andai indossando una di quelle polo in quell'ufficio a portare le carte di lavoro mi guardarono come se mi avessero cagato sul petto, di solito ne sono felice di dare fastidio alla gente ma quella volta provai un senso di imbarazzo, perché piaceva poco pure a me circolare con quella scritta sulla polo.

Qualche giorno dopo vidi mia mamma che stava cucendo dei cerchietti concentrici di colori diversi in cotone grosso per farsi delle presine, sembravano dei piccoli bersagli, mi venne l'idea, le chiesi se mi attaccava un cerchietto sul marchio delle polo che avevo preso, così me li mise a coprire il logo di tutte e tre le polo, che non si vedeva più quella scritta idiota.

Quando tornai in quell'ufficio di fanatici modaioli vidi che guardavano fissandolo il cerchietto variopinto, arrovellandosi il cervello non capendo di che marca fosse la polo, poi quando sono uscito passando davanti al negozio di abbigliamento sottostante c'era il proprietario dentro la vetrina che stava sistemando i nuovi arrivi, mi fermai a guardare per curiosità quello che stava mettendo in vetrina, lui vedendomi si mise a fissarmi con volto perplesso il marchio della polo, non capendo di che marca fosse, "Un nuovo logo che non conosco!" avrà pensato.

Mentre mi allontanavo lo vedevo ancora con il viso a punto di domanda.

ASCOLTA LE LEPRI

Ho visto una lepre in spiaggia, era morta, portata dal mare da chissà dove, metà era ormai interrata, ancora piccola era all'alba di una vita che non ha vissuto, con l'occhio aperto sembrava guardasse e avesse avuto da comunicare qualcosa, che invece è andato via con lei per sempre.

Pochi minuti dopo, mentre tornavo, tra le dune di sabbia una lepre viva mi ha attraversato la strada, mi ha guardato negli occhi per una frazione di secondo, e come se si fosse impaurita dal mio lento vagare è scappata velocissima, nella direzione in cui stavo andando.

Due lepri in pochi minuti, una morta e una viva, sembrava che l'intuito delle lepri volesse dirmi: se non vuoi morire corri via.

Ma essendo un uomo razionale non le ho ascoltate.

E sto morendo.

SUICIDI

Negli anni 70 c'era un ragazzo in paese a cui era venuta una malattia per cui perdeva ciuffi di capelli, era rimasto quasi in pelata con ciuffi qua e là, allora al bar dicevano che sembrava gli avessero sparato una fucilata in testa e hanno iniziato a chiamarlo Fucilata, quando lo vedevano gli facevano battute e lo pigliavano continuamente per il culo.

Lui già depresso dal fatto di essere in pelata in un periodo in cui erano di moda i capelli lunghi ha cominciato a stare sempre in casa, dopo un po' di tempo si è impiccato alla maniglia di una finestra di casa, ci vuole una gran determinazione disperata per impiccarsi dove tocchi con i piedi

Sono passati decenni e ancora adesso in paese se qualcuno ha dei problemi e lo vedono giù di morale gli dicono: "Impiccati come Fucilata!", ridendo e pigliandolo per il culo tuttora, dopo anni e anni, per sempre.

I suicidi spesso sono divertenti proprio per quelli che ne sono stati una causa.

Inoltre tanti si ammazzano per delle stronzate che a loro sembrano in quel momento insormontabili, ma non lo sono. Per esempio una volta ho visto uno che raccontava aveva tentato di ammazzarsi perché aveva una brutta pelle del viso, rovinata dall'acne.

Quel ragazzo detto Fucilata se fosse vissuto oggi che la pelata è di moda non si sarebbe ammazzato, magari se si faceva della palestra e dei tatuaggi lo avrebbero pure ammirato e rispettato, poiché aderiva a un modello imposto dai media e accettato dalla massa.

Un giorno ho visto casualmente un tipo su facebook scrivere che aveva deciso di suicidarsi e chiedeva gli consigliassero un metodo veloce per farlo, era un tipo magro sui diciott'anni, vestito di nero con un aspetto tra l'emo e l'emorroide, tutti cercavano di farlo desistere, mentre a me pareva il solito imbecille che cercava di attirare attenzioni e pietismi. Notando che era bruttarello e con un naso enorme modello roncola pensai fosse quello il motivo, così scrissi un commento: "Ti consiglio di ammazzarti mettendo la testa nella tazza del cesso e tirando l'acqua, con quella enorme roncola che hai al posto del naso aspiri tutta l'acqua immediatamente e muori all'istante.".

Mi pareva perfetto come commento, ironizzando sui suoi difetti gli avrebbe fatto passare ogni idea di suicidio, in quanto se era una posa gli avrebbe fatto capire che era ridicolo,

mentre se era un'intenzione seria ridicoliz-
zando il suicidio avrei smontato la stupida
mitizzazione che si fanno dell'evento gli aspi-
ranti suicidi.

Stavo per premere il tasto di invio, ma mi ri-
cordai di Fucilata, magari avrei ottenuto l'effetto contrario, ironizzando troppo lo avrei
fatto ammazzare veramente e forse poi mi sarebbe dispiaciuto, ci sarei rimasto male.

Vidi proprio in quel momento che una ragazza sua amica aveva scritto stava andando a
casa sua per farlo desistere, allora cancellai il
commento.

Ho rivisto il tipo sempre casualmente su facebook dopo alcuni anni, ostentava una certa
ricchezza, si era fatto crescere la barba e aveva messo una foto in cui si pavoneggiava della sua auto nuova con i cerchioni in lega.

Probabilmente sarebbe stato meglio lo avessi
spedito quel commento, magari in circolazione c'era uno stronzo in meno.

MARSUPIALITÀ OBBLIGATORIA

Perdevo sempre qualcosa, ma dopo l'ennesimo smarrimento delle chiavi di casa un lampo di consapevolezza ha illuminato la mia disperazione inculcandomi nel cervello una parola magica: "marsupio".

Sono andato in un puzzolente negozio di oggetti cinesi e mi sono preso il miglior marsupio del negozio, non badando a spese, con 5,50 euro il marsupio è diventato mio, è nero e beige, con la scritta sport e tante tasche e cerniere in cui rinchiudere i più svariati oggetti personali.

Ora mi è cambiata la vita; corro felice nei prati, nei boschi, lungo le spiagge e cammino sul marciapiede senza perdere più niente. Col marsupio sbattacchiante sul battacchio sorrido come un demente guardando verso un radioso futuro.

L'uomo moderno deve essere un marsupiale, ne è obbligato dai mutamenti ambientali intercorsi negli ultimi decenni.

Altrimenti senza marsupio, non adattandosi all'ambiente in cui è inserito, soffrirà e si estinguerà.

UN NORMALE GRUPPO DI FACEBOOK

Mi fanno esplodere il cervello e i testicoli quei gruppi di facebook che non dicono una sega, solo saluti e frasi di circostanza, come per strada con gli sconosciuti o in ascensore quando non sai che cazzo dire mentre hai la testa presa dai tuoi pensieri pertanto rispondi col pilota automatico con le solite frasi fatte.

Cronaca della giornata:

Capa branco: "Buongiorno amici!".

Buongiorno-Buongiorno-Buongiorno-Buongiorno..ecc-ecc...

poi finalmente arriva il William Shakespeare del gruppo e scrive:

"Buongiorno a tutti, anche se qui piove.".

Finalmente una botta di vita, che stimola la creatività, la sovversione, ecco che qualcuno scrive : "Qui invece c'è il sole.".

Un altro: "Beati voi al sud che avete più giornate soleggiate di noi del nord.".

Ma si crea il vuoto, mentale.

La frase è eccessivamente complessa, per comprenderla appieno devono dar fondo a tutte le loro cognizioni geografiche e meteorologiche, si affaticano, l'entusiasmo scema.

Silenzio, vuoto.

Arriva mezzogiorno.

Capa branco: "Buon pranzo!".
Buonpranzo-Buonpranzo-Buonpranzo-
Buonpranzo...ecc-ecc...
Qualche ardita allega la fotografia di cosa sta mangiando, che spesso sono masse informi e indecifrabili per cui sembra abbiano vomitato nel piatto.
Ma uno vuol fare lo sborrone e scrive: "Ancora state mangiando, io ho finito e sto bevendomi il caffè.".
Silenzio sbalordito.
Invidia, senso d'inferiorità, in alcuni affiora la consapevolezza di aver sbagliato tutto nella loro vita, è un bruttissimo colpo sapere che alle 12.54 mentre ti prepari da mangiare c'è chi ha già finito, come non bastasse si beve pure il caffè, alla facciaccia tua e al disastro della tua vita fallita.
Ma la gloria è effimera, è una sostanza volatile che quando credi di avere in pugno e la stringi con felice soddisfazione arriva un colpo di vento dal destino, senti che tutto è svanito, apri piano il pugno per controllare e vedi con orrore che nella mano aperta non c'è più niente, mentre affiora lo sconforto il destino sadico e beffardo fa passare un gabbiano, che ti bombarda una merda sulla mano aperta.

Infatti ecco che capita il castigatore degli sborroni, alle ore 13.06.

"Io ho finito di mangiare che non erano ancora le 12.30, è più di mezz'ora che sto guidando il camion in direzione Milano, beati voi che avete tempo!".

Qualche breve commento tra l'ammirato e l'intimorito.

Silenzio, vuoto, sarà anche la sonnolenza postprandiale.

Qualcuno dice "Ciao." a chi mette un mi piace ai commenti che aveva scritto, poi un "Comestai?" "Benegrazieetu?" "Anchiograzie."

Arriva sera.

Capa branco: "Buona cena!".

Buonacena-Buonacena-Buonacena-Buonacena...ecc-ecc...

Vuoto e programmi televisivi serali.

Ore 11.34.

Capa branco: "Buona notte a tutti!".

Buonanotte-Buonanotte-Buonanotte-Buonanotte...ecc-ecc...

Una scrive: "Buona notte a tutti, sogni d'oro, è bello avere amici come voi che mi tengono compagnia e mi riempiono le giornate!".

Una pioggia di mipiace e cuoricini.

Tutti a letto felici e contenti di questa giornata e della loro vita.
Domani si replica.

ROTOLANDO

Si è bloccato il computer, non funziona più.

Lo spengo e mi metto a guardarlo, riflesso nello schermo vedo la mia faccia spaesata e mi deprimo. Non piango mai, neanche quando muore qualcuno, ma quando guardo a lungo la mia faccia mi vien quasi da piangere, non voglio essere qui dentro, vorrei essere ad animare qualcos'altro, un cane randagio o un orso bruno, piuttosto.

Mi chiedo il perché, che il mio aspetto mi mette così tanta tristezza.

Mi rispondo: per il fatto di aver perso il treno della vita, sono al tramonto senza aver vissuto nessuna alba.

Esco, decido di uscire, mi rilasso a fare un giro in macchina, vedo gente. Accendo, esco dal garage in retromarcia e vorrei continuare la retromarcia, tornare indietro, sempre indietro fino a un punto che finalmente mi piace, ma finisco col paraurti contro il muro che recinta la proprietà, che recinta la vita.

Metto la prima e parto, entro nella strada, entro nella provinciale, entro nella statale, tra tonnellate di lamiere a cento all'ora, mi sento uno scemo, uno scemo qualunque, dentro una scatola di ferro, giro inutilmente, ora decido che vado verso il mare, in una giornata di vento freddo e pioggia è bello andare al mare. La lunga strada per il mare si dipana tra alberi e campi coltivati, il tergicristallo mi terge i pensieri, non penso e sto un attimo sereno, la totale stupidità dona serenità.

Mi fermo, spengo il motore e mi avvio a piedi verso la spiaggia, pioviggina, col cappuccio in testa mi sembro un monaco che va verso un destino ignoto, un sentiero di lastre di cemento sulla sabbia mi accompagnano verso la spiaggia, nessuno neanche all'orizzonte, solo io che vado verso l'acqua, sento l'istinto di entrarci, di continuare a camminare finché possibile, poi di cominciare a nuotare finché possibile, poi di cominciare a vivere tra l'acqua finché possibile e fine.

Mi blocca un tappo di penna blu, sulla battigia, davanti ai miei piedi, strano e surreale in quel posto, "Senti chi parla!" penso che mi direbbe "Sei l'unico pirlone in circolazione con questo tempo.", rido da solo, come uno scemo, come ogni pazzo col cazzo solitario.

Le gambe mi cedono, mi siedo sulla sabbia, il forte vento freddo bagnato mi colpisce ripetutamente il viso, come schiaffoni per riprendermi, appoggio la testa tra le ginocchia, fanculo tutto.

Mi alzo, la depressione mi prende spesso così, all'improvviso, basta un piatto rotto, una
gomma bucata, una tapparella che si rompe,
un'ennesima delusione e mi viene voglia di
morire, è la goccia che fa traboccare il vaso,
un vaso ignorato volutamente ma che dentro
ce l'ho, pieno di sconfitte e di speranze morte.
Mi avvio a tornare verso la macchina, c'è
freddo, ricomincia a piovere forte, io cammino lento, la pioggia che sbatte sul giubbotto
di finta pelle, il suo ticchettio sul cappuccio,
la faccia che si bagna, dentro un tutto triste e
solitario, perfettamente così.
Mi sento meglio, mi sento uno stronzo, uno
stronzo come gli altri che rotola verso un nul-
la, ma in fondo si attiene al suo compito, di
essere stronzo e di rotolare senza pensarci
troppo, altrimenti non saresti stronzo, altrimenti non rotoleresti lungo questo tragitto in
cui sei stato cagato dal destino.
Salgo in macchina e guardo un proprietario di
un ristorante che fuma solitario una sigaretta
sotto il portico, ha una faccia più triste della
mia, ha il ristorante aperto vuoto in una giornata di pioggia quando la stagione balneare è
finita, evidente bisogno di soldi, c'è solo la
sua Bmw nuova nera da 50mila euro davanti
al ristorante e lui appoggiato alla colonna del

portico con una faccia da funerale e da cambiali, gli passo davanti con la mia auto ammaccata da 500 euro e 219mila chilometri fatti, non mi guarda neanche, per la gente comune non esisto perché ho come un cartello enorme luminoso che si vede da lontano anche col maltempo con su scritto "Non ho soldi", respinge da me ogni persona interessata, è una garanzia di solitudine e di scarsa attività sessuale.

Il mondo è bello, è la gente che è quasi tutta fatta di merda, hanno aderito a questa civiltà schifosa, egoistica e idiota, e se non aderisci anche tu ti emarginano, ma appunto, chi cazzo se ne frega, sto meglio senza teste di minchia attorno, solo che quando mi si rompe qualcosa cado a pezzi anch'io, mi ci vuole un sorriso interiore per darmi un calcio nel culo e ributtarmi in tutto questo.

Accendo la vecchia autoradio dalle manopole rotte e mi trasporto assentandomi nei pensieri più distraenti.

Fuori da un concessionario vedo esposta una 128 berlina azzurro metallizzato come fosse nuova e rido, come un demente rido, che macchine assurde che facevano quando c'era una vita sensata, che macchine sensate fanno ora che viviamo una vita assurda.

E vedo le altre macchine sfrecciare veloci per le compere del sabato, tutti in coppia, solo io solo, ma loro hanno sguardi persi nei loro doveri, magari dentro quei corpi dagli sguardi già visti, dietro la loro prevedibile meschinità c'è ancora qualcosa di umano, che piange soffocato.

Siamo proprio stronzi, penso, rotoliamo verso il futuro come stronzi. Rido.

Ma sì ridiamoci su, ridiamo per non piangere e per continuare, per poter assistere alla prossima puntata di questa avventura, sperando in un ruolo da protagonisti e non da spettatori guardoni passivi, è lì il vero problema.

CROLLO

Accendo la televisione: mi dicono che il mondo sta crollando.

Spengo la televisione, esco di casa, la vicina mi chiama e mi dice che alla televisione hanno detto che il mondo sta crollando, la saluto sorridendo e me ne vado tra asfalto e lampioni sotto il sole bruciante, circondato da case cementate e recintate.

Ovunque veloci lamiere di lucide automobili, fognature e marmitte odorano l'ambiente.

Si muovono agevolmente le vuote persone create dalle pubblicità, si sono adattate all'ambiente che li circonda, in una selezione innaturale al peggio.

Spero sparisca tutto, tranne l'erba che spacca l'asfalto.

COLLOQUIO DI LAVORO

Telefonare, telefono.
Vestirsi bene, mi vesto bene.
Andare, vado.
Parcheggiare, parcheggio.
Entrare, entro.
Spingere, spingo.
Rivolgersi alla reception, mi rivolgo alla reception.
Graziose scimmiette ammaestrate, una mi dice di accomodarmi e aspettare, mi accomodo e aspetto.
Aspetto. Vedo passare facce represse con comportamenti da repressi.
Questa democrazia è scegliere tra le opzioni imposte.
Aspetto e aspetto prigioniero della situazione.
Guardo fuori e vedo che c'è ancora il cielo, tra il cemento del piazzale spunta qualche pianta, vedere che c'è ancora vita su questo pianeta mi fa star meglio. Finalmente in ritardo arriva un falso mezzo sorriso di superiorità con una mano protesa dicendomi: "Piacere!"
"Piacere stocazzo!" rispondo e senza dare la mano mi alzo e me ne vado.

Per oggi ne ho avuto abbastanza, forse domani.

DUE GIACCHE

Con la bella stagione ho due giacche da mettermi, prese in svendita, una beige sportiva in cotone pagata 9,90 euro e una più classica a quadri grigi e blu in lino pagata 14,90 euro.

Quando me le metto mi sento un benestante. Sono un'isola di benessere in un mare di miseria.

Non ho soldi per aggiustare la macchina, per pagare le bollette, per comprarmi quello che voglio da mangiare. Ma ho le mie due splendide giacche.

Mi fanno pagare l'Irpef, l'Imu, mi fregano metà stipendio e pago più del doppio la benzina, ma se penso alle mie due giacche sento che c'è ancora del buono al mondo.

Credo che se non le avessi mi ribellerei a tutti i soprusi che devo subire.

Combatterei tutte le angherie.

Invece ho le mie giacche, potrei strapparmele, potrei perderle.

Tutto passa in secondo piano quando difendi disperato una briciola di benessere.

PESCATORI DI FIUME

Sul fiume, esposti d'inverno al vento gelido da nordest, ci sono i posti barca costruiti con i relitti del fiume dai pescatori, non si sa con quale autorizzazione, presumo nessuna.

Sono i pescatori di fiume, i più poveri, con barche in legno malmesse, motori vecchi e sconquassati, arrivano al lavoro con automobili scampate all'autodemolizione o con motocicli ape ammaccati.

Prendono pochi pesci nelle acque del fiume inquinato e hanno redditi al limite della sussistenza.

Una volta su un'isola in mezzo al fiume si era arenato un cavallo morto, un pescatore è andato con una maschera antigas e una sega a motore, l'ha squartato tirando fuori dallo stomaco molte anguille che lo stavano mangiando; ha guadagnato ottocentomila lire a venderle, molti soldi per quei tempi; quello è stato un colpo di fortuna che ancora lo si racconta.

Alla sera andavano in un bar vicino all'argine a bere vino e giocare a carte d'inverno e d'estate a bere birra con l'anice giocando a bocce sul retro.

165

Poi i proprietari per allargare la clientela attirando pure i giovani hanno fatto anche pizzeria, con i tavoli a fianco del gioco a bocce.

Noi ragazzi con delle ragazze che avevamo appena conosciuto nel paese vicino per fare bella figura le abbiamo invitate a mangiare la pizza lì, visto che si spendeva poco; però poco dopo che c'eravamo seduti hanno cominciato ad arrivare rumorosamente le pesanti bocce contro la rete metallica, alta circa un metro e mezzo, che separava i tavoli dal gioco a bocce.

Giocavano ubriachi sfatti.

Poi una boccia tirata da uno più strafatto degli altri ha sorvolato la rete e la testa di una ragazza seduta per schiantarsi sul tavolo dopo il nostro.

Allora alle nostre proteste il tiratore è venuto a scusarsi, ma mentre parlava gli è venuto da pisciare, così si è tirato fuori l'uccello iniziando a pisciare ai piedi del tavolo dove stavamo mangiando la pizza, per finire la pisciata completamente contro il tavolo dopo, dove era finita la boccia.

Mentre finivamo di mangiare sono arrivate un paio di coppie ben vestite e distinte e si sono messe nel tavolo dopo che avevano nel frattempo sistemato, sentivamo le donne che dicevano si sente odore da gabinetto, mentre un uomo diceva che il gabinetto è all'interno, impossibile arrivi fin lì l'odore.

Grazie al cazzo, gli avevano appena pisciato contro il tavolo, se tastavano le gambe del tavolo c'era ancora il piscio d'ubriaco.

Dopo aver riso per un po', uno di noi gli ha detto che un ubriaco aveva pisciato contro quel tavolo, che era meglio cambiassero tavolo.

Ma mentre uscivamo abbiamo notato che uscivano anche loro.

Dopo pochi mesi chiusero e cambiò la gestione, tolse tutti i tavoli e fece ristorante con solo 4 sgabelli alti per il bar, così i pescatori alcolizzati non ci andarono più.

Era un ambiente quello dei pescatori molto violento, con risse continue.

Passando di lì ieri in bicicletta ho visto ci sono ancora, con i loro posti barca costruiti con i relitti del fiume.

Ma quello che più mi ha sorpreso è aver visto uno con esposta la bandiera arcobaleno del movimento di liberazione omosessuale, in quell'ambiente ci vuole un certo coraggio a farlo.

Fatti così mi accendono speranze per un futuro migliore.

NUOVI ESPERIMENTI SOCIALI

Provo a dire orno invece del solito buongiorno.

Mi guardano strano come se avessi sgarrato a una regola intoccabile, ORNO è il mio nuovo saluto, bofonchiano qualcosa nella maggior parte dei casi, non sanno che dire.

Qualcuno inizia a non salutarmi più, qualcun altro fa un cenno di capo visibilmente incazzato, altri optano per un salve o un ciao con uno sguardo di comprensione, forse pensano che sono un fottuto drogato col cervello bruciato, anche senza forse.

Invece sono uno scienziato diplomato quasi col massimo dei voti alla scuola media inferiore che sta facendo un esperimento per studiare le interconnessioni sociali veicolate dal linguaggio.

Vi studio popolo bue ed accumulo dati che poi il mio cervello elaborerà per capire meglio il mondo circostante, saranno studi che potranno creare un mondo migliore, più consapevole.

Il mio è un compito importantissimo, essenziale per l'evoluzione del genere umano.

Ecco invece che cercate di zavorrarmi, di tirarmi dentro la vostra mediocrità fatta di

buongiorni del cazzo, mi volete come voi, ma io vi sparo un orno sulle vostre meschinità.
Anzi da domani vi cambio saluto, vi dico STORNO.
Almeno avrete qualcosa di nuovo su cui sparlare a cena.

BRUCIAMO

Brucia tutto, brucio, e continuo a guardare come fosse un film.

Dovrei scappare correndo all'impazzata, fuggire il più lontano possibile, cercare altri dove, altri come, altri perché.

Il suolo è corrosivo, il cibo e l'acqua e l'aria mi corrodono, le persone corrodono, questa vita corrode.

Resto, mi aggrappo a un filo d'aria, un filo inanellato di speranze disperate, verso orizzonti ciechi immaginati.

Ho una tavola, una credenza piena di piatti e pentole, ci sono alcune sedie di paglia su cui sedermi, ma non mi siedo quasi mai, vago come un leone in gabbia, chiuso nel mio recinto, ho il necessario per sopravvivere, per il momento se me lo chiedi posso dire che sto bene; ma sto bene per te, perché devo entrare nel tuo linguaggio-pensiero, ma non sto bene, non per me.

Non starà mai bene una bestia chiusa in gabbia, e io non riesco a vivere solo per sopravvivere.

Mi spengo, lentamente, come non avrei mai voluto, contro ogni mio principio esistenziale.

Sono un vecchio leone del circo che compie depresso gli esercizi dovuti, per avere in cambio la razione di carne, gli spettatori apprezzano ciò che temono piegarsi alle loro regole, rassicurati e un po' annoiati dalla loro superiorità in quanto inseriti nel sistema dominante.

La concretizzazione della morte in vita è nell'assistere passivamente a questa distruzione, spettatori di uno spettacolo programmato altrove.

Bisogna smetterla di assistere, bisogna entrare nella scena, appropriarsene, mangiare il domatore, spaccare l'obiettivo, sfondare ogni ostacolo che ci recinta.

Ma la paura di perdere la nostra razione regna sovrana, ci aggrappiamo alle briciole di benessere sapientemente gettateci con palesata generosità da chi si strafoga nelle ricchezze, anche un lavoro da sfruttato che ti fa vivere nell'angoscia, che non ti fa arrivare alla fine del mese, che ti ammazza ogni giorno, diventa il traguardo, il massimo a cui agognare.

Ogni qualvolta spengo la mia nuova abat-jour made in China entrando senza sogni nel buio muoio.

E i "Buongiorno!", i "Che bel tempo oggi!"
del giorno dopo saranno le ennesime coltella-
te reciproche ai nostri cadaveri ambulanti.
Ci siamo rintanati impauriti nelle pieghe delle
nostre menti, e spiamo la vita ben nascosti e
ben morti.
Solo quando intrecciamo le lingue, i corpi e i
respiri sembra di rivivere per alcuni attimi.
In cattività ci permettono di riprodurci.

I ZORRI

I zorri erano un gruppo di amici di paese, appassionati di moto ma con lavori precari e pochi soldi.

Si presero delle moto custom in debito e fondarono un club motociclistico, la casa in cui stabilirono il club era una vecchia casa a due piani abbandonata che si trovava all'inizio della via principale del paese, era inabitabile con l'intonaco scrostato e i balconi in legno sbilenchi, era della nonna di uno di loro morta da tempo, riuscirono a fregare del colore al vecchio della ferramenta e dettero una mano di colore bianco alla casa, anche ai balconi e alle pietre che sbucavano da sotto l'intonaco. Crearono uno striscione e una bandiera giganteschi, con lo stesso identico disegno da pirati: un teschio bianco con le ossa incrociate su sfondo nero, la scritta ZORRI campeggiava sopra. Lo striscione lo fissarono alle vecchie grondaie del club e ricopriva completamente il primo piano della casa, mentre la gigantesca bandiera la issarono su un palo più alto dei lampioni.

Nelle serate ventose si vedeva questa enorme bandiera nera da pirati che sventolava sopra le moto nere, nuove fiammanti, parcheggiate ordinatamente nel cortile.

Loro li vedevi in fila davanti al muro della casa sotto lo striscione, seduti su delle sedie di plastica bianca ingiallita, che aveva scartato un bar, da una radio a tutto volume suonavano vecchie canzoni classiche da bikers, da Born To Be Wild a Sweet Home Alabama, e facendo la faccia più trucida possibile passavano la sera a bere birre prese in svendita e a guardare le moto.

Con l'approssimarsi della scadenza delle rate delle moto le facce diventavano ancor più inferocite, ma avevano degli occhi rassegnati e commossi, come se avessero pianto fino un minuto prima; sembravano dei feroci ghepardi che fossero appena stati sodomizzati.

Cominciarono a diradarsi le moto e a comparire in un angolo, seminascoste, vecchie biciclette anche da donna prese a qualche mamma o nonna.

Allora alcuni di loro ebbero un'idea per non rinunciare alle moto: fare una rapina a un ufficio postale.

Cominciarono a informarsi per farla, vennero in contatto con Ciro "Cirrosi" un ex guardiano alcolizzato cacciato dal lavoro perché considerato un ritardato mentale, ma era pieno di

armi in quanto viveva trafficando, per cui li
rifornì e li convinse che con la sua esperienza
poteva progettarla lui nei minimi dettagli, in
cambio di una parte del ricavato. Accettarono.

Presero una grossa Bmw bianca in noleggio e
scelsero come ufficio da rapinare quello del
paese, in piazza, a 500 metri dalla sede del
club.

Andarono verso mezzogiorno e mezzo, in
cinque zorri sul Bmw, uno rimase in auto col
motore acceso, si alzarono i fazzoletti sul volto e in quattro entrarono dentro l'ufficio postale, due zorri con dei fucili Remington 870
a pompa si misero ai due lati interni della
porta, con i fucili puntati sui clienti, gli altri
due zorri con pistole semiautomatiche Berretta 92 andarono verso gli impiegati, parlando
in un italiano stentato, fingendo d'essere stranieri.

Erano i primi giorni del mese, pieno di anziani andati lì per ritirare la pensione, ma invece
di spaventarsi sembravano divertiti e incurio-
siti dell'accaduto, una novità che movimenta-
va un po' la monotonia di paese, cominciarono a fare commenti, una vecchia cominciò a
dire alle amiche: "Guarda quello lì, ha un

giubbotto identico a quello di mio nipote, guarda, anche gli stivali sono uguali.".

Era veramente suo nipote.

Scapparono fuori con i soldi e fuggirono in auto. Si fermarono poco furori del paese a nascondere i soldi e le armi dentro un tombino della rete fognaria, come progettato dal Cirrosi.

Poi tornarono a girare per il paese e a fare sgommate col Bmw, avevano il noleggio pagato fino al giorno dopo.

Dopo tre ore circa li avevano già arrestati tutti, compreso Cirrosi, e recuperato i soldi con le armi.

Si presero tutti una bella dose di anni di galera, un paio tornarono sieropositivi, non si sa se per iniezioni o sodomizzazioni, pare entrambe.

Sparirono tutti, anche il club venne demolito e al suo posto ora sorge una palazzina con tanti miniappartamenti.

Quando passo per lì cancello con la mente la palazzina nuova e immagino ancora il club dei zorri con bandiera e striscione, sorrido malinconicamente e proseguo pensando che la colpa è proprio di Zorro.

Voglio dire, era alto quasi due metri, più di tutti, con un tipo di baffi che ce li aveva solo lui così in tutto il villaggio, si metteva una mascherina e non lo riconosceva nessuno, neppure se sentivano la voce; e di lavoro non faceva un cazzo tutto il giorno ma aveva sempre soldi.

La gente si illude, soprattutto i bambini che crescono pensando che basti un mascherina per non essere riconosciuti e vivere felici.

Invece i guai ti sanno trovare dietro a tutte le maschere del mondo, specialmente se resti fermo in un posto di poche persone; un bersaglio fisso è più facile da centrare di un bersaglio mobile.

VIANELLO E TIOZZA

Avevo trovato morto Vianello, il mio pesce rosso preferito.

La sera avevo guardato ed era bello svelto, alla mattina invece ho trovato un defunto.

Probabilmente la causa è che gli avevo dato del mangime con dei grumi, non è stato mangiato tutto, i grumi sono scesi sul fondo e col caldo hanno fatto un inquinamento superiore alla norma che gli è stato fatale. L'acqua inquinata è nella maggioranza dei casi la causa di morte dei pesci allevati, quando si vede che mangiano poco e stanno sempre in superficie a boccheggiare, o peggio hanno delle chiazze rosso sangue sulla fronte, bisogna immediatamente metterli in acqua pulita, per salvarli; ma con lui mi sono fregato perché è successo durante le notte.

Mi dispiaceva perché mi salutava al mattino agitandosi nella vaschetta che voleva mangiare, se sistemavo la vaschetta si lasciava accarezzare, si accorgeva di me anche se passavo in lontananza.

C'era un altro pesce che era da 5 anni con lui, si chiamava Tiozza, era femmina, sua moglie. Dopo la morte del marito Vianello stava senza mangiare, ferma in un angolo, appariva triste; invece quando c'era il marito lo seguiva sempre, mangiava, stava bene.

Allora ho pensato che stesse meglio in compagnia e sono andato a comprarne un paio di pesci piccoli. Li ho messi con lei ma non è cambiato il suo atteggiamento, mangiava ancora poco, e a distanza di dieci giorni da Vianello ho trovato morta anche sua moglie Tiozza, deve essere stato il dispiacere.

Io non sopportavo tenere dei pesci rossi, me li hanno regalati e volevo buttarli nel canale, ma mi hanno detto che muoiono subito essendo pesci d'allevamento, allora ho chiesto se qualcuno li voleva, li regalavo, ma nessuno li ha voluti, per cui mi è toccato tenerli.

Qualsiasi animale in cattività mi fa tristezza, pure un pesce.

Vedo tanti animalisti e vegetariani che invece se ne fregano dei pesci, magari si mangiano pure l'aragosta che viene bollita viva tra atroci sofferenze.

Andavo a pescare da ragazzino, ma poi già a infilare il verme mi pareva una crudeltà, pensavo che tu sei lì e ti fai tranquillo la tua vita da verme, arriva un gigante, ti prende e ti infila un gancio che trapassa il corpo, poi ti butta in acqua mentre ti agiti dal dolore.

Arriva il pesce che anche lui è lì che si fa i suoi interessi senza infastidire nessuno, ha fame, si mangia il verme che finisce di soffrire ma cominciano i guai per il pesce, si ritrova con la bocca trapassata da un gancio d'acciaio, viene sollevato in un ambiente estraneo e gettato nel contenitore dei pesci pescati ad agonizzare.

Ho smesso di pescare.

Magari a sfondare di pugni e calci uno che mi dà fastidio ci metto un attimo, ad aprirlo con una coltellata se mi minaccia ci metto un centesimo di secondo, ma mi dispiace infilzare un verme. Sapete il perché?

Perché il verme non mi ha rotto il cazzo.

Se uno non mi dà fastidio non gli farei mai del male, anche se è uno scarabeo stercorario, un verme o un religioso, basta solo che non mi diano fastidio.

IL CANE VECCHIO

Ho il cane vecchio con la cataratta a entrambi gli occhi, pure io ho un inizio di cataratta, e vaghiamo così tra campi e spiagge, lui quasi cieco e io che faccio da cane guida a lui, lo tiro da una parte o dall'altra per fargli evitare gli ostacoli. Se lo lascio libero finisce nelle buche, si pianta i rami addosso, sbatte contro ogni ostacolo.

Un giorno sono andato a pisciare in spiaggia dietro a un cespuglio e tornando non trovo più il cane, lo cerco andando verso una direzione, poi verso l'altra; niente non c'è.

Dopo oltre mezz'ora mi avvio per tornare a casa senza cane, ma vedo da lontano un gigante dell'est, tipo un wurstel di circa 2 metri ben oltre il quintale, pieno di grasso e con gli occhiali cammina accompagnandosi con 2 bastoni ed è seguito a distanza da un cane bianco, vado nella sua direzione e vedo che è il mio cane. L'insaccato mi guarda male, io lo guardo male, perché vedendo che il cane lo segue impaurito mi immagino che lo abbia minacciato o menato con uno dei suoi bastoni del cazzo poiché si avvicinava credendo fossi io; chiamo il cane e gli metto il guinzaglio.

Il wurstel gigante si allontana silenzioso, la voglia di prendere un ramo depositato sulla spiaggia e spaccargli la faccia la reprimo a fatica.
Ho ritrovato il mio cane vecchio e semicieco, tutto va bene.

FUTURO

Vedo dei giovani che mi passano davanti.

Vanno a scuola, con i vestiti imposti dalla moda, con costosi zaini ripieni di costosissimi libri di merda secca.

Discorsi da idioti svolazzano quando passano.

Poi ne vedo uno da solo, attardato, insofferente cammina calciando le lattine, sigaretta in bocca, vestito diverso dagli altri, con un vecchio zaino verde militare; e vedo me, come con la macchina del tempo, sono io decenni fa, identico.

Penso che se avessi un figlio sarebbe così, o forse non mi assomiglierebbe e sarebbe uno stronzo che mi accoltella se non gli compro l'iPhone8.

Fanculo anche i figli.

Spero solo nei tipi solitari, diversi dagli altri.

La speranza per un domani è in uno zaino non omologato al gruppo, è in un non ci sto controcorrente, è in ogni sguardo insofferente alle imposizioni.

CILIEGI IN FIORE

"Ti ricordi quando i ciliegi in primavera erano in fiore e noi bambini ci immergevamo nei loro colori e nei loro profumi camminando lungo il sentiero che porta sulla collina?"

"Ma se abitavamo accanto alla discarica dei rifiuti che aveva fatto terra bruciata ed eravamo in pianura, la prima collina era a quasi cento chilometri di distanza!"

"In quel periodo era sempre primavera, c'erano le colline con i ciliegi sempre in fiore, e c'erano tutte le cose più belle che mi vengono in mente.

L'angolo in cui mi rifugio sarà sempre come piace a me.".

38552462R00103

Printed in Great Britain
by Amazon